职业院校汽车整形技术专业系列教材

职业学校汽车车身修复专业系列教材

汽车电气系统原理与检修

孙宝文　张凤杰　主　编

电子工业出版社

Publishing House of Electronics Industry

北京·BEIJING

内容简介

本书介绍了汽车常见电子和电气系统的检测与维修知识，突出汽车电子电气装置中最容易出现故障的设备，如汽车电子控制技术基础中的传感器、电子控制器、执行器；燃油喷射控制系统和电子点火控制系统的结构和故障诊断，介绍了蓄电池、发电机与调节器、点火系统、照明与信号系统、仪表及指示灯、报警灯、汽车其他电气装置以及汽车空调与空调控制系统的基本功能、组成、故障诊断及维修。在教材中的每部分内容中都配上了任务单和相关的要求，便于学习和掌握技能。

未经许可，不得以任何方式复制或抄袭本书之部分或全部内容。

版权所有，侵权必究。

图书在版编目（CIP）数据

汽车电气系统原理与检修 / 孙宝文，张凤杰主编. —北京：电子工业出版社，2015.1

ISBN 978-7-121-24936-5

Ⅰ.①汽… Ⅱ.①孙… ②张… Ⅲ.①汽车—电气系统—检修 Ⅳ.①U472.41

中国版本图书馆CIP数据核字（2014）第274078号

策划编辑：杨宏利
责任编辑：杨宏利　　　特约编辑：李淑寒
印　　刷：北京盛通商印快线网络科技有限公司
装　　订：北京盛通商印快线网络科技有限公司
出版发行：电子工业出版社
　　　　　北京市海淀区万寿路173信箱　　邮编：100036
开　　本：787×1 092　1/16　印张：12.5　字数：320 千字
版　　次：2015 年 1 月第 1 版
印　　次：2020 年 8 月第 2 次印刷
定　　价：28.00 元

凡所购买电子工业出版社图书有缺损问题，请向购买书店调换。若书店售缺，请与本社发行部联系，联系及邮购电话：（010）88254888，88258888。

质量投诉请发邮件至zlts@phei.com.cn，盗版侵权举报请发邮件至dbqq@phei.com.cn。

本书咨询联系方式：（010）88254592，bain@phei.com.cn。

前 言 Preface

随着我国汽车工业的快速发展，汽车已作为代步工具进入千家万户，电子技术、通信、计算机技术在汽车上的应用，使汽车电气系统发生了巨大的变化，机电一体化、高性能、智能化已成为汽车电气系统的发展趋势，这对汽车从业人员的技术水平提出了更高的要求。

为适应社会迫切需要更多合格的高素质汽车专业技能人才，以满足汽车生产及服务企业的需要，我们采用任务驱动项目化组织内容，编写了《汽车电气系统原理与检修》教材，包括：汽车电气系统特点、电源系统、起动系统、点火系统、照明及信号装置、仪表和电器系统、汽车电路图识读与电气故障诊断共7个项目。

教材在编写过程中始终遵循以下原则：

（1）构建以项目为载体，以任务为驱动的教材架构

每个项目分为多个任务，每个任务以任务的分析开始，在相关知识中，注重强调涉及到故障的基本知识，故障检测的步骤和分析，突出实践性和可操作性，提高学生对相关问题的求知欲，增强其学习主动性。

（2）通俗易懂，图文并茂，形式生动活泼，有利于激发学生的学习兴趣

本书内容采用大量的图注来说明，避免了冗长繁琐的文字解释，显得简洁通俗，有利于学生的理解，培养其学习的兴趣。

（3）逻辑严谨，有系统性

教材内容安排遵循从简单到复杂的思路，理论联系实践，引导学生一步步地进入到真实岗位学习情境中，以培养学生运用所学知识和掌握相关技能的能力。

本教材可作为高等职业院校汽车技术服务与营销专业、汽车整形技术专业、汽车检测与维修专业、汽车电子技术与控制专业以及汽车定损与评估的教学用书，也可作为成人高校、夜大、职大、函大等层次的教学用书，同时也可作为自学者及工程技术人员的自学用书和普通高等院校有关专业的教学参考书。

本教材由广东科学技术职业学院的孙宝文、张凤杰老师任主编，孙宝文（项目二、项目四、项目六）、张凤杰（项目一、项目三）、李光福（项目五）、彭坚（项目七）和于海东、陈海波、周景良、刘家昌、吴杰、黄园园、曾淑琴、曾瑶瑶老师在编写本教材过程中参阅了许多国内外公开出版与发表的教材和文献，广东科学技术职业学院的吴云溪教授给本书提出了有益建议，珠海市欧亚汽车技术有限公司刘劲松总经理、广州长久世星汽车销售服务有限公司的李皎总经理给予了大力支持，在此表示感谢。限于作者经历及水平，书中难免有不妥和错误之处，恳请读者提出宝贵意见，以便修订完善。

编　者

2014年10月28日

目 录 Contents

项目一 汽车电气系统特点

● 一、任务分析

汽车电气设备是汽车的重要组成部分，随着汽车技术的进步，汽车电气设备的构造与特性也在不断进步，特别是电子技术在汽车上的广泛应用，在解决汽车能耗、行车安全、减少排放污染等方面起着越来越重要的作用。

● 二、相关知识

1. 汽车电气设备的组成

现代汽车电气设备的种类和数量很多，但总的来说可以分为三大部分，即电源、用电设备以及全车电路和配电装置。

（1）电源

汽车电源有两个：蓄电池和发电机。发电机是主要电源，蓄电池是辅助电源。在发动机停转或起动时，由蓄电池供给电能；发动机达到某一转速后，由发电机供电。发电机向用电设备供电的同时，也给蓄电池充电。发电机供电时要采用电压调节器来保持其输出电压的稳定。

（2）用电设备

用电设备主要由以下几个系统组成。

① 起动系统

起动系统用来起动发动机，起动系统主要包括起动机及控制电路。

② 点火系统

点火系统用来产生电火花，点燃汽油机汽缸中的可燃混合气。它有传统点火系、电子点火系和计算机控制点火系之分。传统点火系包括点火线圈、分电器、电容器、火花塞等。电子点火系包括点火线圈、信号发生器、电子点火器、配电器、火花塞等。计算机控制点火系包括点火线圈、电子点火器、火花塞、各种传感器、电子控制单元等。

③ 照明系统

照明系统包括车外和车内照明灯具，提供车辆夜间安全行驶的必要照明。

④ 信号装置

其信号装置包括音响信号和灯光信号两类，提供安全行车所必备的信号。

⑤ 仪表及报警装置

用来监测发动机及汽车的工作情况，使驾驶员能够通过仪表、报警装置及时检视发动机和汽车运行的各种参数及异常情况，确保汽车正常运行。它包括车速里程表、发动机转速表、冷却液温度表、燃油表、机油压力表、电压（电流）表、气压表和各种警报灯等。

⑥ 辅助电器设备

辅助电器设备包括风窗清洁装置（刮水器、洗涤器、除霜装置）、空调系统、低温起动预热装置、汽车视听设备、电动车窗、中控门锁、电动座椅、电动后视镜、防盗装置等。车用辅助电器设备有日益增多的趋势，主要向舒适、娱乐、保障安全等方面发展。

⑦ 汽车电子控制系统

汽车电子控制系统主要指利用计算机控制的各个汽车系统，包括汽油机电控燃油喷射系统、计算机控制点火系统、电控自动变速器、防抱死系统、驱动防滑系统、电控悬架系统、自动巡航系统、安全气囊、自动空调等。电控系统的采用可以使汽车上的各个系统均处于最佳工作状态，达到提高汽车动力性、经济性、安全性、舒适性，降低汽车排放污染的目的。

（3）全车电路及配电装置

全车电路及配电装置包括中央接线盒、熔断装置、继电器、电线束及插接件、电路开关等，使全车电路构成一个统一的整体。

由于现代汽车所采用的电控系统越来越多，所占的比例越来越大，且汽车电控系统往往都自成系统，将电子控制与机械装置相结合，形成了较为典型的机电一体化系统，因此本书除了涉及传统电气设备中的电子控制装置外，不涉及诸如电控燃油喷射、电子控制自动变速器、制动防抱死系统，这些计算机控制系统将由专门的教材予以介绍。

综上所述，电气设备的组成如图1-1所示。

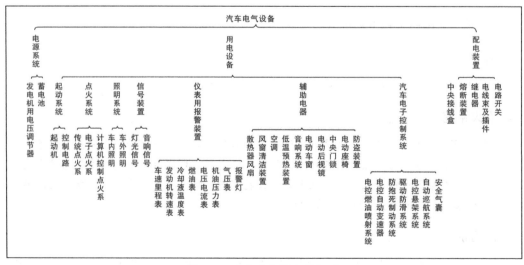

图1-1　汽车电气设备的组成

2．汽车电气设备的特点

（1）低压电源

汽车电气系统的标称电压有三个等级：6V、12V和24V，但以12V和24V居多，汽油车多采用12V，柴油车多采用24V。这一电压的主要优点是安全性好。

（2）直流电源

由于蓄电池的充、放电电流均为直流电，所以发电机输出的也是直流电。

（3）并联单线制

汽车电系的用电设备很多，为了使各电器相互独立、便于控制和提高电气线路的可靠性，用电设备和电源间均为并联连接。单线制即从电源到用电设备使用一根导线连接，而另一根导线则用汽车车体或发动机机体的金属部分代替。单线制可节省导线，使线路简化、清晰，便于安装与检修。

（4）负极搭铁

采用单线制时，蓄电池的一个电极须接在车架上，称为"搭铁"。若蓄电池的负极接车架就称"负极搭铁"，反之则称为"正极搭铁"。负极搭铁对车架或车身连接处的电化学腐蚀较轻，对无线电干扰小。我国汽车电气系统均为负极搭铁。

项目二 电源系统

任务一 蓄电池的分类与作用

⚫ 一、任务分析

蓄电池作为汽车的电气设备的能量来源，在汽车中起着至关重要的作用，了解蓄电池的分类和作用是汽车电气系统检修的基础。

⚫ 二、相关知识

1. 铅蓄电池的分类

蓄电池是一种可逆的低压直流电源，它既能将化学能转化为电能，也能将电能转换为化学能。蓄电池可分为碱性蓄电池和酸性蓄电池两大类。

汽车上一般采用铅蓄电池（又称铅酸蓄电池），其主要目的是起动发动机。目前汽车上常用的蓄电池有：普通蓄电池、干荷电铅蓄电池、少维护或免维护蓄电池、封闭式免维护蓄电池等，此外还有混合型蓄电池和重组式蓄电池。

2. 铅蓄电池的功用

汽车上装有蓄电池与发电机两个直流电源，全车用电设备均与直流电源并联连接，电路图如图2-1所示。

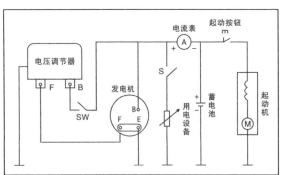

图2-1 汽车电源系组成

蓄电池的功用包括：

① 发动机起动时，向起动机提供强大的起动电流，同时给点火系、仪表、电子控制系统等用电设备供电。

② 发动机低速运转时，向一切用电设备和发电机励磁绕组供电。

③ 发动机中、高速运转时，将发电机剩余电能转化为化学能存储起来。

④ 发电机过载时，协助发电机向用电设备供电。

⑤ 稳定电源电压、保护电器部件。它能吸收电路中出现的瞬时过电压，保护电子元件和集成电路不被击穿，延长其使用寿命。

任务二　蓄电池结构

一、任务分析

汽车蓄电池的主要用途是起动发动机和汽车电器需求超出发电机输出能力时供电。与此同时，它也对整个电气系统起到稳压作用。

蓄电池一般由壳体、栅架（正、负极板）、隔板、电解液、联条和极桩等组成，如图2-2所示。

二、相关知识

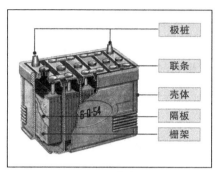

图2-2　蓄电池

1. 壳体

蓄电池的外壳是用来盛放电解液、栅架组及隔板的箱体。大多数汽车蓄电池壳体由聚丙烯材料制成，它耐酸、耐高温、耐寒、抗振，并具有足够的机械强度。

一般来说，蓄电池箱体内有六个单元电池（12V蓄电池），每个单电池都有正极板和负极板。图2-3是典型的蓄电池壳体。

2. 栅架（正极板、负极板）

蓄电池的每块正极板和负极板都构建在框架或栅架上，栅架的主要材料是铅。栅架上附有活性物质就成了极板。栅架对活性物质起支撑作用，如图2-4所示。

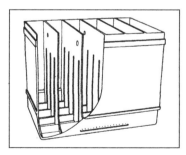

图2-3　典型的蓄电池壳体

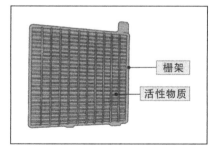

图2-4　蓄电池极板

（1）正极板

栅架表面附着有过氧化物（一般为二氧化铅PbO_2）的就是正极板，呈暗褐色。

（2）负极板

栅架表面附着有纯的多孔铅（称为海绵铅）的就是负极板，呈青灰色。

3. 隔离板

隔离板（简称隔板）可防止正、负极板靠在一起而造成短路，如图2-5所示。隔板材料须具有多孔性和渗透性的特点，且具有良好的耐酸性和抗氧化性。常见的隔板有木质隔板、微孔橡胶隔板、微孔塑料隔板、玻璃纤维隔板和纸板等。

4. 电解液

汽车蓄电池中使用的电解液是用36%的硫酸和64%蒸馏水混合配制而成的。

电解液的密度一般为1.24g/cm³～1.3g/cm³。一般来说，在不同气温下电解液密度要求也不尽相同，可参考表2-1（在25℃下完全充足电的蓄电池）。

图2-5 隔板位置图

表2-1 不同气温对应的电解液密度

（单位：g/cm³）

地区气候条件	冬季	夏季
冬季气温低于-40℃	1.30	1.26
冬季气温低于-40℃	1.28	1.26
冬季气温低于-30℃	1.27	1.24
冬季气温低于-20℃	1.26	1.23
冬季气温低于0℃	1.23	1.23

5. 联条

联条用于串联单体电池，提高整个蓄电池的端电压。常见蓄电池联条的串联方式一般是外露式，而新型蓄电池联条的串联方式是穿壁式或跨接式结构（在电池内部），几种方式如图2-6所示。

6. 极桩

常见极桩有L形和锥台形的，如图2-7所示。锥台形极桩是蓄电池装配后再铸上的，L形极桩是装配后焊接上去的。为便于识别，极桩的上方或旁边标刻有"+"（或P）、"-"（或N）标记，或者在极桩附近涂有颜色（红色为正极，蓝色为负极）。

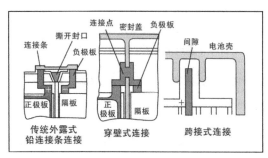

图2-6 单体电池的连接方式

图2-7 极桩

[任务三　蓄电池的工作原理]

● 一、任务分析

蓄电池充放电过程（即它的工作过程）就是化学能与电能相互转化的过程：当蓄电池向外供电时，将化学能转化为电能，称为放电；而当蓄电池与外部直流电源相连进行充电时，将电能转化为化学能，称为充电。

● 二、相关知识

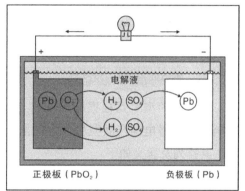

1. 放电过程

在放电过程中，正极板上的氧化铅（PbO_2）与电解液中的SO_4结合形成$PbSO_4$，同时，释放出的O_2在电解液中形成H_2O（水）。负极板也与电解液中的SO_4结合形成硫酸铅（$PbSO_4$），如图2-8所示。

图2-8　放电过程

$$PbO_2+2H_2SO_4+Pb \xrightarrow{\text{放电}} PbO_2+2H_2SO_4+Pb$$

2. 完全放电状态

由上述放电化学反应式可知：蓄电池完全放电后，正极板和负极板生成硫酸铅（$PbSO_4$），电解液也变成了水（H_2O）。一般来说，蓄电池不可能完全达到100%的放电状态。而在蓄电池放电后，极板和电解液都接近不活跃状态。完全放电后的电解液中的大部分水，在零度以下会有结冰的危险。

注意：严禁对结冰的蓄电池进行跨接起动和充电。

3. 充电过程

充电过程如图2-9所示。

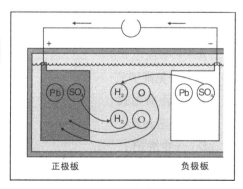

图2-9　充电过程

任务四 蓄电池的使用与维护

一、任务分析

蓄电池作为汽车的两大电源之一，在汽车中起着至关重要的作用，了解蓄电池型号知识，掌握蓄电池正确的充电检测以及蓄电池常见故障排除方法是学会电气系统检修的基础。

二、相关知识

1. 辨别蓄电池型号

蓄电池的型号是根据标准JB/T 2599—1993的规定制定的。蓄电池产品型号分为三部分，如图2-10所示，其排列及含义如下。

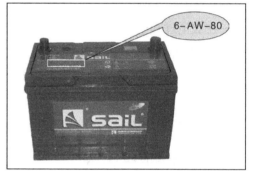

6-AW-80

图2-10 蓄电池的型号

（1）第一部分

第一部分表示串联的单格蓄电池数，用阿拉伯数字表示，其额定电压为这个数字的2倍。比如：

3表示3个单格，额定电压为6V。

6表示6个单格，额定电压为12V。

（2）第二部分

第二部分表示蓄电池的类型和特征，用两个汉语拼音字母表示。如第一个字母是Q表示起动用铅蓄电池，M表示摩托车用。第二个字母为蓄电池的特征代号，无字母则表示为普通式铅蓄电池。如：

A——干荷电式；

W——免维护式；

H——湿荷电式；

M——密封式；

S——少维护；

J——胶体电解质。

（3）第三部分

第三部分表示蓄电池额定容量和特殊性能，我国目前规定采用20h放电率的额定容量，单位为A·h，用数字表示，特殊性能用字母表示：

G——表示高起动率；

S——表示塑料槽；

D——表示低温起动性能好。

举例：某一风帆牌汽车蓄电池型号为6-AW-80，表示该蓄电池由6个单格组成，额定电压6×2=12（V）；是干荷免维护式蓄电池；20h放电率的额定容量为80A·h。

2. 蓄电池正负极的识别和充电

充电是蓄电池使用过程中的一个重要环节。对于新启用的蓄电池或修复的蓄电池，在使用前必须进行初次充电（激活）；使用中的蓄电池也需要进行补充充电，特别是在汽车充电系统发生故障而导致蓄电池充电不足的情况下；在存放期中，3个月要进行一次放电、充电循环处理维护，以保持蓄电池一定的容量，让其使用寿命延长。

（1）蓄电池正负极的识别

充电时应将蓄电池的正、负极与对应的充电机的正负极相连。若极性接反，会造成蓄电池的损坏。

一般来说，蓄电池的正、负极或周围都分别标有"＋"、"－"记号，或正极桩上涂红色，负极桩上涂其他颜色，如标记模糊不清，可用下述方法进行识别。

① 方法一

观察极桩的颜色，使用过的蓄电池正极桩呈深棕色，负极桩呈淡灰色。

② 方法二

用直流电压表接蓄电池的两极，按照指针偏摆方向判断其正、负极。当指针偏摆正常时，红表棒对应的为正极，黑表棒对应的为负极。

③ 方法三

利用电解液进行识别，将蓄电池的两极接上导线，插入电解液中，导线周围产生气泡多为负极。

（2）蓄电池的充电

蓄电池常见的充电方法有三种：定压充电、定流充电和脉冲充电。

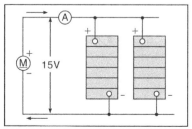

图2-11　定压充电时蓄电池的连接

① 定压充电

始终保持充电过程中充电电压不变的充电方法称为定压充电法。采用这一方法时，要求各支路蓄电池的额定电压必须相等，容量也要一样。定压充电蓄电池的连接方式如图2-11所示。

定压充电的充电电压一般按单体电池电压的2.5倍选用，即6V蓄电池的充电电压为7.5V，12V蓄电池的充电电压为15V。

② 定流充电

充电过程中，使充电电流（一般为蓄电池容量的0.1倍以下，如60A·h蓄电池不大于6A）恒定的充电方法称为定流充电。

使用定流充电方法时，被充电的蓄电池不论是6V或12V，均可串联在一起进行充电，如图2-12所示。串联的蓄电池的容量应尽可能相同，如不相同，充电电流用小容量的蓄电池计算。当小容量的蓄电池充足电后，应去掉，再继续给其他大容量的蓄电池充电。

③ 脉冲充电

利用脉冲充电可实现快速充电。脉冲快速充电的电流波形如图2-13所示。

脉冲快速充电的整个过程由脉冲充电控制电路进行自动控制，其具体过程如下。

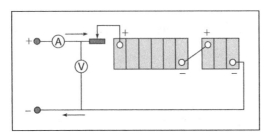

图2-12　定流充电时蓄电池的连接

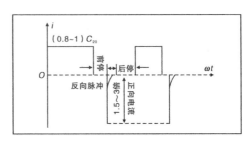

图2-13　定流充电时蓄电池的连接

● 步骤一

充电初始阶段采用大电流充电（相当于额定容量的0.8～1倍的电流），使蓄电池在短时间内达到额定容量的60%左右。当单体电压上升到2.4V且电解液开始电解而冒气泡时，控制电路发生作用，停止大电流充电。

● 步骤二

先停止充电24～30毫秒（称为前停充），接着再放电或反充电，使蓄电池反向通过一个较大的脉冲电流，以消除极板孔隙中形成的气泡，然后再停止放电25毫秒（称为后停充）。

● 步骤三

进行循环脉冲充电。其循环充电过程是：正脉冲充电→前停充→负脉冲瞬间放电→后停充→正脉冲充电，直至充足。

脉冲快速充电的特点：

充电时间短。初充电一般不超过5小时，补充充电只需0.5～1.5小时。

具有显著的去硫化作用。

节能。消耗电能一般为常规充电的80%～85%。

增加蓄电池的容量。因为脉冲快速充电能消除极化，所以充电时化学反应充分，加深了反应深度，使蓄电池容量有所增加。

对蓄电池的寿命有一定影响，仍须进一步改进。

通常，经快速充电的蓄电池只是提高了充电容量，并未充足电。如果想充足，还需要用小电流或正常充电电流进行最后充电。

注意：下列铅蓄电池不能进行快速脉冲充电。

· 电解液混浊并带褐色的蓄电池。

· 极板硫化的蓄电池。

· 充电时电解液温度超过50℃的蓄电池。

· 未经使用的新蓄电池。

· 液面高度不正确的蓄电池。

· 电解液相对密度各单格不均匀的蓄电池，或各格电压差大于0.2V的蓄电池。

3. 蓄电池的检测

（1）检查电解液的液面高度

常见检查电解液液面高度的方法有液面高度指示线法、玻璃管测量法和加液孔观察判断法三种。

① 液面高度指示线法

该法适用于壳体为半透明塑料的蓄电池。这类蓄电池的厂家会在壳体上标有"上限"和"下限"边线，方便检查电解液液面的高度，如图2-14所示。正常电解液液面高度应在两线之间，低于下线为液面过低，应加蒸馏水进行补充。

② 加液孔观察判断法

某些进口轿车的蓄电池的电解液加液孔内侧有电解液液面检查视孔，如图2-15所示。我们可通过该孔观察液面高度。当电解液液面低于标准时，应加蒸馏水进行补充。

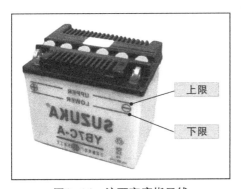

图2-14　液面高度指示线

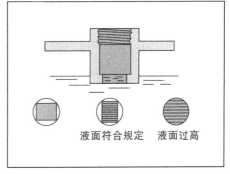

液面符合规定　液面过高

图2-15　根据加液孔液位判定液面高度

③ 玻璃管测量法

将一根透明空心玻璃管或胶管插入蓄电池电解液内极板的上平面处，用手指按紧玻璃管上端使管口密封，提起玻璃管，玻璃管内所吸取的电解液的高度即为液面高度，符合标准值一般为10～15mm，如图2-16所示。

（2）检查蓄电池的剩余电量

蓄电池剩余电量可通过检测电解液密度和电压的方法来

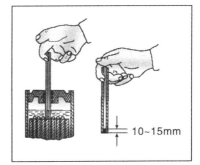

图2-16　用玻璃管检查高度

判断。

① 使用内装式密度计检测

对于无加液孔的全密封型免维护蓄电池，它的内部一般装有一只内装式密度计。内装式密度计内部有一颗能反光的绿色塑料小球，小球露出液面的面积随着电解液的密度的变化而变化。从检视窗中可以看到小球在不同电解液密度下呈现出不同的颜色状态。我们通过检视窗观察小球呈现的颜色判断蓄电池的剩余电量，如图2-17所示。

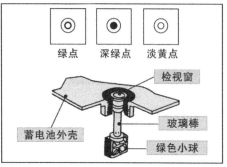

图2-17 内装式密度计的观察

绿色：说明蓄电池的技术状况良好。

深绿色：说明蓄电池剩余电量不足，应对蓄电池进行补充充电。

淡黄色：说明电解液液面过低，蓄电池必须更换。

② 使用吸式密度计检测

用密度计测试电解液密度是最直接的一种测试方法。吸式密度计分为两种，分别是有刻度的和无刻度的。

有刻度的电解液密度计如图2-18所示，吸取蓄电池中的电解液，直到浮子浮起，然后检查浮子高度和浮子刻线之间的关系，可读出高度的数值。

用无刻度的电解液密度计也可检测蓄电池的剩余电量：

· 液面在黄色区域，说明电量充足；

· 液面在绿色区域，说明电量比较充足；

· 液面在红色区域，说明蓄电池必须充电。

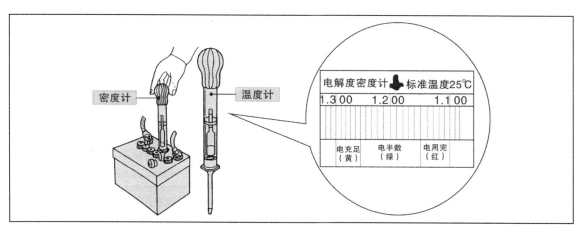

图2-18 测量电解液的密度和温度

（3）蓄电池电压的检测

① 蓄电池静止电动势测试

用数字式万用表测量蓄电池静止（开路）电动势（图2-19），若12V标称电压的蓄电池电动势少于12V，说明蓄电池过量放电；在12.2～12.5V之间，说明部分放电；高于12.5V，说明蓄电池存电足。

② 高放电率下电压测试

测试时，用力将放电计触针刺入正负极，保持15s，若蓄电池能保持在9.6V以上，说明该蓄电池性能良好，但存电不足；若稳定在10.6～11.6V，说明蓄电池存电足；若迅速下降，则说明蓄电池已损坏。方法如图2-20所示。

图2-19　蓄电池静止电动势的测试

图2-20　高放电率下电压测试

4. 应急跨接起动

汽车蓄电池存电不足起动困难时，可用其他汽车的蓄电池通过专用并联跨接电缆起动车辆，如图2-21所示。

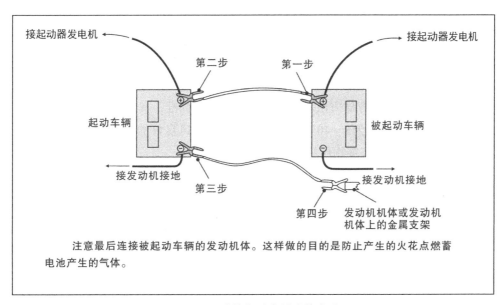

图2-21　跨接起动电缆连接方法

① 步骤一

拉紧驻车制动器拉杆，把变速器置于空挡。

② 步骤二

关掉车上起动时用不到的电器。

③ 步骤三

把红色跨接电缆的一端连接到充电电池正极，再把另一端连接到被充电电池正极上。

④ 步骤四

把黑色跨接电缆的一端接到充电电池负极上，另一端接到被充电电池车辆的接地处。

⑤ 步骤五

起动提供充电电池的发动机，让它以较高怠速运转几分钟，然后再发动被充电电池的发动机。

⑥ 步骤六

拆卸跨接电缆时应先拆下被充电电池负极一端的跨接电缆，最后拆下两电池正极间的跨接电缆。

5. 蓄电池的使用与维护注意事项

① 要经常保持蓄电池的外部清洁，以防间接短路和电极接线柱腐蚀。

② 要经常检查蓄电池在车上的安装是否牢靠，电极接线柱与接线头的连接是否紧固。

③ 定期检查和调整各单体内电解液液面高度。

④ 冬季补加蒸馏水时，只能在蓄电池充足电前进行。

⑤ 要经常检查加液孔盖是否拧紧，以免行车时因振动而使电解液溢出。

⑥ 使用起动机时，每次起动时间应不超过5s，两次起动之间的时间间隔应大于15s。

⑦ 对于车上使用的蓄电池，每月应拆下进行一次补充充电，新、旧蓄电池不允许混用。

⑧ 对暂时不用的蓄电池可放置在室内暗处进行湿存储。使用前，应重新充足电。

⑨ 对于长期不使用的蓄电池采用干存储法。

⑩ 未启用的新电池，其存储方法和时间应以出厂说明为准，其保管期限为两年。

⑪ 蓄电池应保存在室温为5～40℃的干燥、清洁及通风良好的地方，并不受阳光直射，远离热源，避免与任何液体和有害物质接触。

6. 蓄电池的正确使用和维护

（1）蓄电池的存储

① 新电池的存储

未启用的新电池，其加液孔盖上的通气孔均已封闭，不要捅破。存储方法和存储时间应以出厂说明为准。

保管蓄电池时应注意以下几点：

● 应存放在室温在5～30℃，干燥、清洁及通风的地方。

● 不要受阳光直射，离热源（暖气片、火炉）距离不小于2m。

● 避免与任何液体和有害气体接触。

● 不得倒置或卧放，不得叠放，不得承受重压，相邻蓄电池之间应相距10cm以上。

● 新蓄电池的存放时间不得超过两年（自出厂之日算起）。

② 暂时不用的铅蓄电池的存储

对暂时不用的铅蓄电池，可采用湿存储方法，即先将蓄电池充足电，再将电解液密度调至1.24～1.28g/cm³，液面调至规定高度，然后将加液孔盖上的通气孔密封。存放条件与新蓄电池相同，存放期不得超过半年，期间应定期检查，如容量降低25%，应立即补充充电，交付使用前也应先充足电。

③ 长期停用的铅蓄电池的存储

停用期长（超过1年）的铅蓄电池，应采用干存储法，即先将充足电的铅蓄电池以20h放电率放完电，然后倒出电解液，用蒸馏水反复冲洗多次，直到水中无酸性，晾干后旋紧加液孔盖，并将通气孔密封后存储，存放条件与新蓄电池相同。重新启用时，以新蓄电池对待。

（2）启用新蓄电池

普通铅蓄电池启用时，首先擦净外表面，旋开加液孔盖，疏通通气孔，注入新电解液，静置4～6h后，调节液面高度到规定值，按初充电规范进行充电后即可使用。

干荷电铅蓄电池在规定存放期（一般为两年）内，启用时可直接加入规定密度的电解液，静置20～30min后，校准液面高度即可使用。若超期存放或保管不当损失部分容量，应在加注电解液后经补充充电方可使用。

（3）蓄电池的拆装

① 拆装、移动蓄电池时，应轻搬轻放，严禁在地上拖拽。

② 安装前应检查待用蓄电池型号是否和本车型相符，电解液密度和高度是否符合规定。

③ 安装时必须将蓄电池固定在托架上，塞好防振垫，以免汽车行驶时蓄电池在框架中振动。

④ 极桩上应涂上凡士林或润滑脂，以防腐防锈。极桩卡子应紧固，与极桩之间保持接触良好。

⑤ 蓄电池搭铁极性必须与发电机一致，不得接错。

⑥ 接线时先接正极后接负极，拆线时相反，以防金属工具搭铁，造成蓄电池短路。

（4）蓄电池的维护

① 保持蓄电池外表面的清洁干燥，及时清除极桩和电缆卡子上的氧化物，并确定蓄电池极桩上的电缆连接牢固。

清洗蓄电池时，最好从车上拆下蓄电池，用苏打水溶液冲洗整个壳体，然后用清水冲洗蓄电池并用纸巾擦干。对蓄电池托架，可先用腻子刀刮净厚腐蚀物，然后用苏打水溶液清洗托架，之后用水冲洗并干燥。托架干燥后，涂上防腐漆。

对极桩和电缆卡子，可先用苏打水溶液清洗，再用专用清洁工具进行清洁，清洗后，在电缆卡子上涂上凡士林或润滑脂防止腐蚀。

注意： 清洗蓄电池之前，要拧紧加液孔盖，防止苏打水进入蓄电池内部。

② 保持加液孔盖上通气孔的畅通，定期疏通。

③ 定期检查并调整电解液液面高度，液面不足时应补加蒸馏水。

④ 汽车每行驶1000km或夏季行驶5～6天，冬季行驶10～15天，应用密度计或高率放电计检查一次蓄电池的放电程度，当冬季放电超过25%，夏季放电超过50%时，应及时将蓄电池从车上拆下进行补充充电。

⑤ 根据季节和地区的变化及时调整电解液的密度。冬季可加适量的密度为1.40g/cm³的电解液，以调高电解液的密度（一般比夏季高0.02～0.04g/cm³为宜）。

⑥ 冬季向蓄电池内补加蒸馏水时，必须在蓄电池充电前进行，以免水和电解液混合不均而引起结冰。

⑦ 冬季蓄电池应经常保持在充足电的状态，以防电解液密度降低而结冰，引起外壳破裂。

7. 铅蓄电池常见故障与排除方法

铅蓄电池在使用过程中出现的故障，按部位可分为外部故障和内部故障。

① 外部故障：外壳破裂、极桩腐蚀、极桩松动、封胶干裂。

② 内部故障：极板硫化、自放电、极板短路、活性物质脱落、极板栅架腐蚀、极板拱曲。

（1）极板硫化

① 故障现象

● 蓄电池容量降低，用高率放电计检测，单格电压迅速下降。

● 电解液的密度下降到低于规定的正常数值。

● 蓄电池在开始充电及充电完毕时电压过高，可达2.7V以上。

● 蓄电池在充电时过早地产生气泡，甚至一开始充电就有气泡。

● 蓄电池在充电时电解液温度上升得过快，易超过45℃。

● 蓄电池放电时电压下降过快（用低放电率放电），过早地降至终止电压。

● 在极板上生成坚硬、不易溶解的白色大颗粒物。

② 故障原因

● 蓄电池在放电与半放电状态下长期放置，由于硫酸铅在存在昼夜温差的情况下，不断在电解液中有溶解与结晶两个相反的过程交替发生，产生再结晶，经过多次再结晶，便在极板上形成粗大的不易溶解的硫酸铅晶粒。

● 蓄电池经常过量放电或小电流深度放电，从而在极板细小孔隙的内层生成硫酸铅，平时充电不易恢复。

● 电解液液面过低，极板上部的活性物质露在空气中被氧化，汽车行驶时电解液的波动使其接触氧化了的活性物质，生成粗晶粒的硫酸铅。

●初充电不彻底或不进行定期补充充电。蓄电池初充电不彻底或使用期间不进行定期补充充电，使其在半充电状态长期使用，极板上的放电产物硫酸铅长期存在，也会通过再结晶形成粗大的颗粒。

●电解液不纯或其他原因导致蓄电池自行放电，均会产生硫酸铅，从而为硫酸铅再结晶提供物质基础。

③故障排除

蓄电池出现轻度硫化故障，可用2～3A的小电流长时间充电，即过充电；或用全放、全充的充放电循环方法使活性物质还原，也可用去硫化充电的方法消除。硫化严重的蓄电池，应予以报废。

（2）自行放电

① 故障现象

充足电的蓄电池放置不用，会逐渐失去电量。普通蓄电池由于本身结构的原因，会产生一定的自放电。一般自放电每昼夜容量下降在1%以内，可视为正常现象，如果每昼夜容量下降超过2%，就应视为故障。

② 故障原因

●电解液不纯，电解液中的杂质沉附于极板上产生局部放电。
●蓄电池溢出的电解液堆积在盖板上，使正、负极桩形成回路。
●蓄电池长期放置不用，硫酸下沉，下部密度较上部大，极板上下部发生电位差引起自行放电等。
●极板活性物质脱落，下部沉淀物过多使极板短路。

③ 故障排除

发生自行放电故障后，应倒出电解液，取出极板组，抽出隔板，再用蒸馏水冲洗极板和隔板，然后重新组装，加入新的电解液重新充电。

（3）极板短路

① 故障现象

●充电时电解液温度迅速升高，而端电压和电解液密度上升缓慢。
●充电末期气泡少，用高率放电计检查时，端电压迅速下降为零。

② 故障原因

●隔板损坏。
●极板拱曲（由充、放电电流过大引起）造成隔板破损。
●活性物质大量脱落沉积于蓄电池底部，使极板底部短接。

③ 故障排除

拆开蓄电池，查明原因方可排除。

（4）活性物质脱落

① 故障现象

充电时有褐色物质自底部上升，主要指正极板上的PbO_2脱落，蓄电池容量明显不足。

② 故障原因

● 充电电流过大或过度充电时间太长。

● 低温时大电流放电，极板拱曲。

● 电解液不纯。

● 蓄电池使用中受到过剧烈振动。

③ 故障排除

活性物质脱落不严重的蓄电池，可将蓄电池全放电，倒出电解液，用蒸馏水冲洗蓄电池内部，最后对蓄电池补充充电后可继续使用，严重时更换极板或报废。

（5）蓄电池反极

① 故障现象

● 蓄电池组电压下降，输出容量下降。

● 极板、极桩颜色异常，严重时会造成活性物质脱落和极板拱曲。

② 故障原因

● 多个蓄电池串联使用时，如果个别蓄电池或蓄电池单格的容量比其他的蓄电池单格都低，成为一个反极充电电池，其实质就是严重的过量放电。

● 充电时，蓄电池与充电机接线错误，造成充电电流反向。

③ 故障排除

当发现有反极蓄电池时，应立即对反极蓄电池进行单独充电。并对反极蓄电池进行多次充放电循环锻炼，直至与其他蓄电池一致。

任务五　交流发电机的分类与型号

一、任务分析

发电机是汽车电器的主要电源，由汽车发动机驱动，在发动机正常工作时，发电机对除起动机以外的所有用电设备供电，并向蓄电池充电以补充蓄电池在使用中所消耗的电能。

二、相关知识

1. 按结构分类

① 外装电压调节器式交流发电机

在载货汽车和大型客车上应用较普遍，如东风EQ1090型载货汽车使用的JF132型交流发电机，解放CA1091型载货汽车使用的JF1522A型交流发电机等。

② 整体式交流发电机（内装电压调节器式）

内装电压调节器式交流发电机多用于轿车，如一汽奥迪、上海桑塔纳等轿车用JF219132型交流发电机。

③ 带泵交流发电机

带泵交流发电机多用于柴油车，在发电机后端带有真空制动助力泵，如JFB1712型交流发电机。

④ 无刷交流发电机

即无电刷、集电环结构的交流发电机，如JFW1913型交流发电机。

⑤ 永磁交流发电机

即转子磁极采用永磁材料的交流发电机。

2. 按励磁绕组搭铁方式分类

① 内搭铁式交流发电机

即励磁绕组的一端引出来形成励磁接线柱，而另一端与发电机壳相连接，如东风EQ1090型车用的JF132型交流发电机。

② 外搭铁式交流发电机

即励磁绕组的两个端子都和发电机外壳绝缘，引出来形成两个励磁接线柱，励磁绕组是通过调节器搭铁的，如解放CA1091型车使用的JF152D、JF1522A型交流发电机。

3. 按装用的二极管数量分类

① 6管交流发电机

其整流器由6只硅二极管组成，这种形式应用最为广泛，如东风EQ1090车使用的JF132型，解放CA1091型车使用的JF1522A型、JF152D型交流发电机等。

② 8管交流发电机

其指具有两个中性点二极管的交流发电机，其整流器总成共有8只二极管，如天津夏利TJ7100、TJ7100微型轿车所用的JF21542型交流发电机。

③ 9管交流发电机

其指具有三个励磁二极管的交流发电机，其整流器总成共有9只二极管，如北京BJ1022型轻型载货车用的JF2141型交流发电机。

④ 11管交流发电机

其指具有中性点二极管和励磁二极管的交流发电机，其整流器总成共有11只二极管，如桑塔纳轿车所用的JF219132型交流发电机。

根据中华人民共和国汽车行业标准QC/T 73—1993《汽车电气设备产品型号编制方法》规定，国产汽车交流发电机型号主要由下列五大部分组成，即

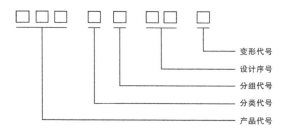

第一部分为产品名称代号。交流发电机产品名称代号为JF，整体式交流发电机产品名称代号为JFZ，带泵交流发电机产品名称代号为JFB，无刷交流发电机产品名称代号为JFW。

J表示"交"，F表示"发"，Z表示"整"，B表示"泵"，W表示"无"。

第二部分为分类代号，即电压等级代号，用一位阿拉伯数字表示：1-12V，2-24V，6-6V。

第三部分为电流等级代号，用一位阿拉伯数字表示，见表2-2。

第四部分为设计序号，按产品设计先后顺序，用阿拉伯数字表示。

第五部分为变型代号，交流发电机以调整臂的位置作为变形代号。从驱动端看，Y-右边，Z-左边。

表2-2　发电机电流等级代号

电流等级	1	2	3	4	5	6	7	8	9
电流/A	≤19	20～29	30～39	40～49	50～59	60～69	70～79	80～89	≥90

任务六 交流发电机的构造

◐ 一、任务分析

前面讲到汽车上的电源主要有蓄电池和发电机。汽车上虽然有蓄电池作为电源，但蓄电池主要充当发动机起动和发动机不工作时的备用电源。在发动机正常工作时，则由发电机为汽车电气系统供电，同时还向蓄电池补充充电。

汽车上所用的发电机大多为三相交流发电机。三相交流发电机由转子、定子、电刷与电刷架、风扇、皮带轮、前后端盖等组成，如图2-22所示。

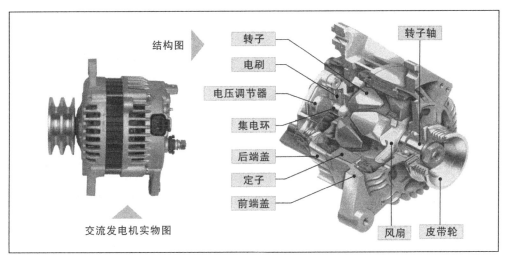

图2-22 三相同步交流发电机

◐ 二、相关知识

1. 转子

转子主要作用是在交流发电机内建立磁场，主要由两块爪极、磁场绕组、轴和集电环等组成。两块爪极各具有6个鸟嘴形磁极，压装在转子轴上，在爪极的空腔内装有磁轭，其上绕有磁场绕组（又称励磁绕组或转子线圈）。磁场绕组的两引出线分别焊在与轴绝缘的两个滑环上，滑环与装在后端盖上的两个电刷接触。当两电刷与直流电源接通时，磁场绕组中便有磁场电流通过，产生轴向磁通，使得一块爪极被磁化为N极，另一块爪极为S极，从而形成了六对相互交错的磁极，如图2-23所示。

2. 定子

定子由定子铁芯和定子绕组组成，如图1-24所示。定子铁芯由相互绝缘的内圆带嵌线槽的圆环状硅钢片叠成。嵌线槽内嵌入三相对称的定子绕组。绕组的接法有星形（即Y形）、三角形两种方式，如图2-25所示。

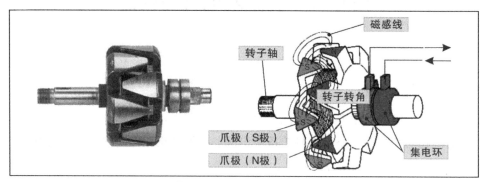

图2-23 转子

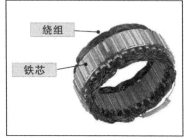

图2-24 定子

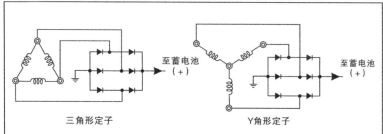

图2-25 定子绕法

3．电刷与电刷架

电刷与电刷架如图2-26所示，电刷与电刷架总成由两只电刷、电刷弹簧和电刷架组成。

两只电刷装在电刷架的孔内，借电刷弹簧的压力与滑环保持接触，用于给发电机转子绕组提供磁场电流。电刷架用酚醛玻璃纤维塑料模压而成或用玻璃纤维增强尼龙制成，安装于发电机的后端盖上。

国产交流发电机的电刷架常见的有内装式和外装式两种，如图2-27所示。

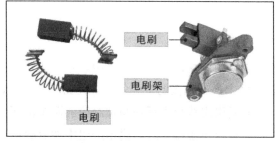

图2-26 电刷与电刷架实物

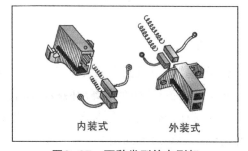

图2-27 两种类型的电刷架

4．整流器

交流发电机整流器及其电路图如图2-28所示，它将发电机定子绕组产生的三相交流电变换为直流电。常见的整流器有6只硅整流二极管，在某些高级轿车上的发电机的整流二极管有9

个。整流二极管的工作电流大、反向电压高。交流发电机整流二极管有正极管和负极管之分，引出线为二极管正极的称为正极管，引出线为二极管负极的称为负极管，如图2-29所示。

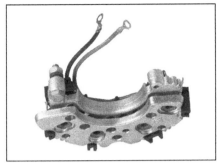

图2-28　交流发电机整流器实物

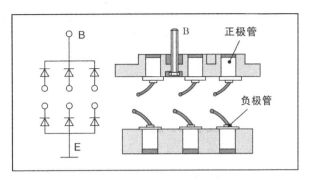

图2-29　硅整流二极管的类型

5. 电压调节器

电压调节器如图2-30所示，它的作用是在一定的转速范围内使发电机输出电压基本恒定。在转速变化时，调节器自动调节发电机励磁电流的大小，从而使发电机输出电压保持恒定。

按结构形式分为晶体管式、集成电路调节器，按安装方式分为外装式、内装式，按搭形式分为内搭铁式、外搭铁式，按功能的多少分为单功能型、多功能型。

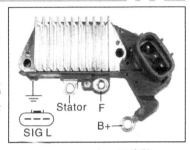

图2-30　电压调节器

6. 前、后端盖

前端盖、后端盖是由非导磁材料铝合金制成的，漏磁少，并具有轻便、散热性能好等优点。在后端盖上装有电刷架和电刷。

7. 风扇与皮带轮

交流发电机的前端装有皮带轮，由发动机通过风扇传动带驱动发电机旋转。在皮带轮的后面装有叶片式风扇，前后端盖上分别有出风口和进风口。当发动机带动发电机高速旋转时，可使空气流经发电机内部，对发电机进行冷却。

8. 搭铁

交流发电机的搭铁形式分为外搭铁和内搭铁两种。外搭铁式的交流发电机，其励磁绕组的两端引至后端盖上的接线柱，分别称为"F1"和"F2"接线柱，且两个接线柱均与发电机的后端盖绝缘，励磁绕组须经调节器搭铁。内搭铁式的交流发电机，其励磁绕组的两端通过电刷分别引至发电机后端盖上的接线柱，分别称为"F"（或"磁场"）和"E"（或"搭铁"）接线柱，即励磁绕组的一端在发电机的外壳上直接搭铁。

任务七　交流发电机工作原理

一、任务分析

交流发电机发电整流电压调节原理相对复杂，但作为汽车另一主要电源系统，了解并掌握其原理非常重要。

二、相关知识

1. 发电机原理

交流发电机产生交流电的基本原理是电磁感应原理，具体地说，交流发电机利用产生磁场的转子旋转，使穿过定子绕组的磁通量发生变化，在定子绕组内产生交流感应电动势。图2-31所示为交流发电机的工作原理图。

当励磁绕组有电流通过时，励磁绕组便产生磁场，转子轴上的两个爪极分别被磁化为N极和S极。当转子旋转时，磁极交替地在定子铁芯中穿过，形成一个旋转的磁场，磁力线和定子绕组之间产生相对运动，在三相绕组中产生交流感应电动势，如图2-32所示。

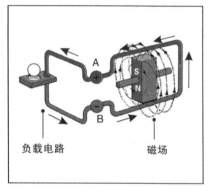

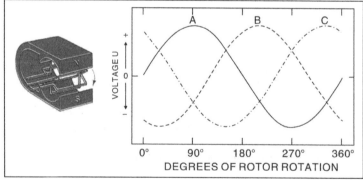

图2-31　交流发电机的工作原理　　　　　图2-32　三相绕组工作原理

在交流发电机中，由于转子磁极呈鸟嘴形，其磁场的分布近似正弦规律，所以在发电机定子绕组中产生的交流感应电动势也近似正弦规律。

2. 整流原理

交流发电机定子绕组中感应产生交流电，利用硅整流的单向导通特性将正弦交流电整流为直流电。

硅整流二极管具有单向导电性：当给硅整流二极管加上正向电压（正极电位高于负极电位）时导通，硅整流二极管呈现低电阻状态；当给硅整流二极管加一反向电压（正极电位低于负极电位）时截止，硅整流二极管呈现高电阻状态。

（1）二极管的导通原则

因为3只正极管（VD1、VD3、VD5）的正极分别接在发电机三相绕组的始端（A、B、C）上，它们的负极又连接在一起，所以3只正极管的导通原则是，在某一瞬间正极电位最高者导通。

因为3只负极管（VD2、VD4、VD6）的负极分别接在发电机三相绕组的始端，它们的正极又连接在一起，所以3只负极管的导通原则是在某一瞬间负极电位最低者导通，三相整流电路如图2-33所示，整流过程如图2-34所示。

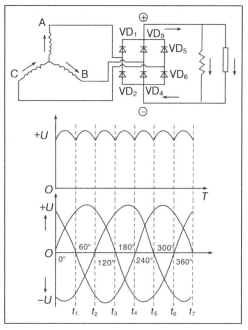

图2-33　三相整流电路

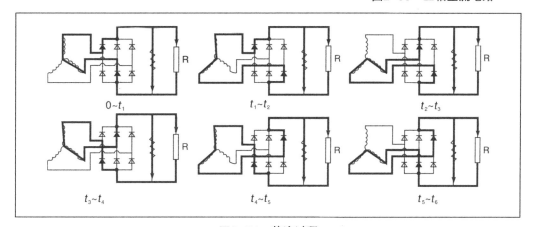

图2-34　整流过程

在每个瞬间，分别只有一正一负两个二极管同时导通。

（2）发电机的励磁

交流发电机在无外接直流电源时，由于转子保留的剩磁很弱，因此在低速时，仅靠剩磁产生的电动势（小于0.6V）并不能使二极管导通，发电机也就不能发电。为了克服这一缺点，在发电机开始发电时采用了他励方式，即由蓄电池为励磁绕组提供励磁电流，以增强磁场，使发电机在低速转动时电压能够迅速上升，从而实现发动机怠速时发电机便可向蓄电池充电。发电机向蓄电池充电时，励磁方法由他激方式变为自励方式，即励磁电流由发电机自己提供。简单地说，交流发电机的励磁方法是：先他励、后自励。

3. 电压调节器

（1）交流发电机的电压调节器

① 电压调节器的功用

电压调节器的作用是使交流发电机的输出电压保持恒定。由于交流发电机的转子是由发动机通过传动带驱动旋转的，且发动机和交流发电机的速比为1.7～3，因此交流发电机转子的转速变化范围非常大，这样将引起发电机的输出电压发生较大变化，无法满足汽车用电设备的工作要求。为满足用电设备恒定电压的要求，交流发电机必须配用电压调节器，使其输出电压在发动机所有工况下基本保持恒定。

② 电压调节器的分类

电压调节器可按工作原理分类，也可按搭铁形式分类。

●按工作原理分类

交流发电机电压调节器按工作原理可分为以下几类。

·触点式电压调节器

有单级触点式和双级触点式，这种电压调节器对无线电干扰大、可靠性差、寿命短，现已被淘汰。

·晶体管调节器

其特点是：晶体管的开关频率高，不产生电火花，调节精度高，还具有质量轻、体积小、寿命长、可靠性高、无线电干扰小等优点，现广泛应用于多种中低档车型。

·集成电路调节器

除具有晶体管调节器的优点外，还具有体积小，可安装于发电机内部（又称内装式调节器）的优点，减少了外接线，并且冷却效果得到了改善，现广泛应用于桑塔纳、奥迪等多种轿车上。

·计算机控制调节器

这是现代轿车采用的一种新型调节器，由电负载检测仪测量系统总负载后，向发动机控制单元发送信号，然后由发动机控制单元控制发电机电压调节器，适时地接通和断开励磁电路，即能可靠地保证电气系统正常工作，使蓄电池充电充足，又能减轻发动机负荷，提高燃料经济性。上海别克、广州本田等轿车发电机上使用了这种调节器。

●按搭铁形式分类

可分为内搭铁式（与内搭铁式交流发电机配套使用）和外搭铁式（与外搭铁式交流发电机配套使用）。

③ 电压调节器的型号

按QC/T73—1993《汽车电气设备产品型号编制方法》的规定，汽车交流发电机电压调节器的产品型号编制规则如下：

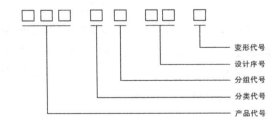

- 变形代号
- 设计序号
- 分组代号
- 分类代号
- 产品代号

●**产品代号**

交流发电机电压调节器的产品代号有FT和FTD两种，分别表示发电机电压调节器和电子式发电机电压调节器（字母F、T、D分别为发、调、电的汉语拼音第一个字母）。

●**电压等级代号**

该代号与交流发电机相同，电压等级代号用一位阿拉伯数字表示：1表示12V系统，2表示24V系统，6表示6V系统。

●**结构形式代号**

结构形式代号用一位阿拉伯数字表示，见表2-3。

表2-3 发电机调节器结构形式代号

结构形式代号	1	2	3	4	5
电压调节器	单联	双联	三联		
电子式电压调节器				晶体管	集成电路

●**设计代号**

按产品设计先后次序，用1、2位阿拉伯数字表示。

●**变形代号**

用汉语拼音大写字母A、B、C……顺序表示（不能用0和1）。

例如：FT126C表示12V的双联机械电磁振动式调节器，第6次设计，第3次变形。

FTD152表示12V集成电路调节器，第2次设计。

（2）电压调节器的工作原理

由交流发电机的工作原理可知，交流发电机的三相绕组产生的相电动势的有效值：

$$E_\phi = C_e \varphi n$$

式中，E_φ——电动势（V）；

C_e——发动机的结构常数；

n——发动机转子转速（r/min）；

φ——转子的磁极磁通（Wb）。

上式说明交流发电机所产生的感应电动势与转子转速和磁极磁通成正比。所以，交流发电机调节器的工作原理是：当交流发电机的转速升高时，调节器通过减小发电机的励磁电流I_f来减小磁通φ，使发电机的输出电压U_B保持不变。

触点式电压调节器通过触点开闭，接通和断开励磁电路，来改变励磁电流I_f大小；晶体管调节器、集成电路调节器等利用大功率晶体管的导通和截止，接通和断开励磁电路，来改变励磁电流I_f大小。这种调节器没有触点，使用过程中无须保养和维护，结构简单，体积小，重量轻，目前已经逐步取代触点式调节器。

① 触点式电压调节器的工作原理

触点式电压调节器目前应用不多，双级触点式仍有少量车采用，现简单介绍如下。其结构如图2-35所示。双级触点式调节器有两对触点，K_1为常闭触点（也称低速触点），K_2为常开触点（也称高速触点），有三个电阻，分别是加速电阻、附加电阻、温度补偿电阻。

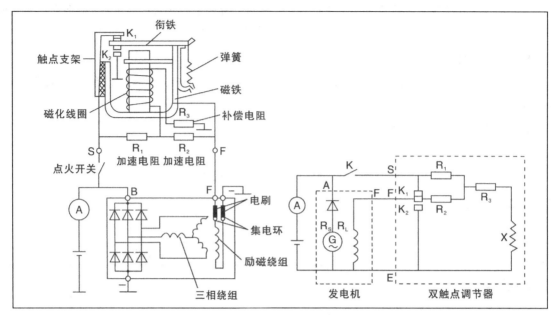

图2-35　FT61型双级电压调节器原理电路

低速时通过低速触点振动使附加电阻串入励磁回路从而调节励磁电流；高速时高速触点振动，附加电阻串入励磁回路，同时还将发电机励磁绕组短路，使发电机电压恒定。

② 晶体管式电压调节器的工作原理

晶体管式电压调节器有多种形式，其电路各不相同，基本结构一般由2～4个晶体管、1～2个稳压管和一些电阻、电容、二极管组成，再由印制电路板接成电路，然后用轻而薄的铝合金外壳将其封闭。调节器对外伸出有"+"（或"S"、"点火"）、"F"（或"励磁"）、"E"（或"搭铁"、"–"）等字样的接线柱或引线，分别与交流发电机等连接构成整个汽车电气装置的充电系统。

晶体管式电压调节器与内或外搭铁形式的交流发电机配套使用，也有内、外搭铁的区别，使用前一定要判断其搭铁形式，并与发电机相应的接线柱正确连接。

● 内搭铁式

内搭铁式晶体管电压调节器如图2-36所示。电路由三个电阻R_1、R_2、R_3，两个晶体管VT_1、VT_2，一个稳压管VS和一个二极管VD组成。

调节器的"B"（或"+"）接线柱接点火开关，F"接线柱接发电机励磁绕组"F"，"+"和"F"之间为晶体管的集电极与发射极之间形成的开关电路，"+"与"–"之间有两个电阻R_1、R_2组成的分压器，其P点电压正比于发电机电压，P点与放大器之间接有

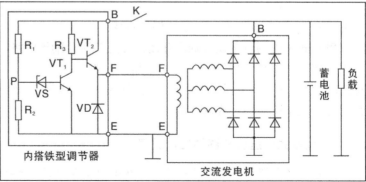

图2-36　内搭铁式电压调节器

稳压管VS，用来感受电压，其工作过程如下。

在发电机电压较低的情况下，分压器中间P点电压也较低，此时稳压管处于截止状态，此状态经放大器放大，给晶体管的基极一个高电位信号，使晶体管导通，励磁电流可以通过晶体管流入发电机励磁绕组，使发电机电压上升，当电压上升到调器电压调整值时，P点电压升高至稳压管的击穿电压，稳压管被击穿，此信号经放大器VT_1放大后给晶体管VT_2一个低电位信号，使晶体管VT_2截止，切断了励磁电流，发电机无励磁电流，电压便下降，这样又使晶体管导通，如此反复，使发电机的电压稳定在一调定值。

VD为续流二极管，它与励磁绕组反向并联，当VT_2截止时，可使励磁绕组中产生的自感电动势经它与励磁绕组自成回路，保护VT_2免受损坏。

●外搭铁式

外搭铁式电压调节器内部电路可简化成如图2-37所示的基本电路。

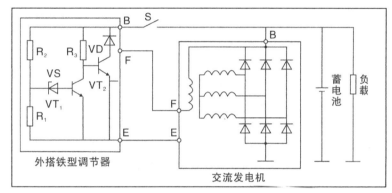

图2-37 外搭铁式电压调节器基本电路

该电路的特点是B+和F之间，与内搭铁式晶体管调节器存在显著不同，内搭铁是通过大功率晶体管控制B+与F的通与断，而外搭铁是通过大功率晶体管控制F与"–"的通与断，但其电路工作原理和结构与前述内搭铁式晶体管调节器类似，故不再赘述。

●晶体管电压调节器实例

例如CA1091等汽车装用的JFT106型调节器。该调节器是晶体管外搭铁式调节器。它与14V、750W发电机配套使用。调节电压为13.8～14.6V，如图2-38所示。该调节器共有"B"、"F"、"–"三个接线柱。

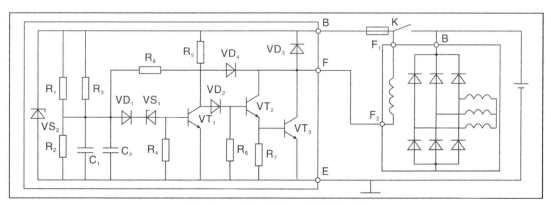

图2-38 JFT106型电压调节器电路

电阻R_1、R_2、R_3和稳压管VS_1构成电压敏感电路，其中R_1、R_2组成分压器，R_3是微调电阻。通过调整R_3的电阻值，就可以改变电压调节器的调节电压值。电阻R_2两端所分得的电压反向加在稳压管VS_1两端，稳压管VS_1为感受元件，随时感受着发电机端电压的变化。当加在稳压管VS_1上的反向电压低于稳压管VS_1的击穿电压时，稳压管VS_1截止，高于它的击穿电压时VS_1则导通。

VT_1为小功率晶体管，VT_2、VT_3组成了复合管，三者组成二级开关电路，利用其开关特性控制励磁电路的接通或切断。

调节器的工作过程：

· 闭合点火开关K，起动发动机，当发电机转速低，输出电压低于蓄电池端电压时，分压器R_2所分的电压加在稳压管VS_1两端，由于此电压低于稳压管的击穿电压，VS_1截止，使VT_1截止，VT_2、VT_3导通，这时蓄电池经大功率晶体管VT_3供给励磁电流，其励磁回路为：蓄电池"+"→点火开关→发电机"Fl"接线柱→励磁绕组→发电机"F_2"接线柱→调节器"F"接线柱→大功率晶体管VT_3→搭铁→蓄电池"－"。发电机处于他励状态。

· 当发电机转速逐渐升高，发电机端电压高于蓄电池端电压时，输出电压未达到调节电压值，VT_1仍然截止，VT_2、VT_3导通，这时由发电机提供励磁电流，励磁回路同上，只不过将蓄电池换成发电机，发电机处于自励。

· 当发电机转速继续升高到使输出电压达到调节值时，分压器R_2所分的电压加在稳压管VS_1两端，由于此电压高于稳压管的击穿电压，VS_1反向击穿导通，使VT_1导通，VT_2、VT_3截止，切断发电机的励磁电流，发电机端电压下降。当发电机端电压下降到稍低于调节电压时，稳压管VS_1两端的反向电压低于击穿电压而截止，VT_1由导通变为截止，VT_2、VT_3又导通，接通励磁回路，发电机端电压又升高。如此反复，通过VT_3的导通与截止，使发电机的输出电压恒定在调节值上。

其他元件的作用：

· VS_2是稳压二极管，起过电压保护作用。它的击穿电压较高，发电机正常工作时，VS_2呈截止状态。当发电机高速运转突然失去负载或由于其他原因产生瞬时高压时，VS_2击穿导通，使发电机电压保持在VS_2的击穿电压不再上升，保护电子元件不被损坏。

· VD_1接在稳压管VS_1之前，以保证稳压管安全可靠工作。当发电机输出电压很高时，它能限制稳压管VS_1电流不致过大而被烧坏。

· VD_2接在稳压管VT_1的集电极与VT_2的基极之间，提供0.7V左右的电压，使VT_2导通时迅速导通，截止时迅速截止。

· VD_3为续流二极管。它与励磁绕组并联，用来保护晶体管VT_3不被击穿。当VT_3截止时，在励磁绕组中将产生很高的感生电动势，容易将VT_1，击穿。当接入VD_3以后，使感生电流形成通路。感生电动势就不会升得很高，对VT_3起保护作用。

· VD_4为分压二极管，其作用是保证晶体管VT_2、VT_3处于截止状态时可靠截止。

· R_8是正反馈电阻。用来提高大功率管晶体VT_1的翻转速度，降低它的耗散功率。R_4、R_5、R_6、R_7为晶体管的偏置电阻，为晶体管设置合适的工作点。

· C_1、C_2是电解电容器。用来降低晶体管的工作频率，以减小其功耗，延长其寿命。

③ 集成电路式电压调节器的工作原理

集成电路式电压调节器是利用集成电路（IC）组成的调节器，可分为全集成电路式电压调节器和混合集成电路电压调节器两类。前者将二极管、晶体管、电阻、电容等电子元件同时制作在一块硅基片上，后者用厚膜或薄膜电阻与集成的单片芯片或分立元件组装而成，使用最广泛的是厚膜混合集成电路调节器。

●集成电路式电压调节器的特点

集成电路式电压调节器除具有晶体管调节器的优点外，还有以下特点：

·体积小、质量轻，因此可以直接装在发电机内部或壳体上成为整体式交流发电机的一个零件，这样可以省去调节器和发电机之间的导线，减小了线路损失，减少了线路故障，使调节器的调节精度可达±0.3V，工作更为可靠。

·耐高温性能好，可在130℃高温下正常工作。

·更加耐振动，使用寿命长。

集成电路式电压调节器的基本工作原理与晶体管电压调节器完全一样，都是利用晶体管的开关特性控制发电机励磁电流来达到稳定发电机输出电压的目的。它也有内搭铁和外搭铁之分，而且以外搭铁式使用得较多。

●集成电路式电压调节器电压检测法

·发电机电压检测法

集成电路调节器直接在发电机上检测发电机的输出电压，称为发电机电压检测法，如图2-39所示，加在分压器R_1和R_2上的电压是励磁二极管输出端L的电压U_L，$U_L=U_B$，因此，检测点P的电压加到稳压管VS_1上，其电压与发电机的端电压U_B成正比，所以该检测法称为发电机检测法。

·蓄电池电压检测法

如果用连接导线检测蓄电池的端电压来调节发电机的输出电压，称为蓄电池电压检测法，如图2-40所示，加在分压器R_1和R_2上的电压为蓄电池端电压，由于通过检测点P加到稳压管VS_1上的反向电压与蓄电池端电压成正比，所以该检测法称为蓄电池电压检测法。

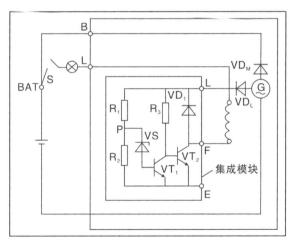

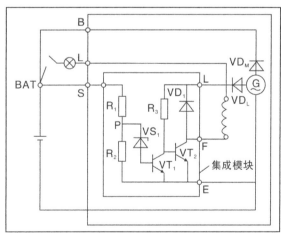

图2-39　发电机电压检测电路　　　　图2-40　蓄电池电压检测电路

在这两种基本检测法中，前者发电机的引出线可以少一根，但是发电机B到蓄电池的接线柱之间的电压降较大时，蓄电池的充电电压将会降低，使蓄电池充电不足，因此一般大功率发电机宜采用蓄电池电压检测法。

采用蓄电池电压检测法，如B-BAT之间或S-BAT之间断线时，调节器便不能检测出发电机的端电压，发电机便会失控。为了克服这一缺点，有些内装集成电路调节器的发电机采取了一定的控制措施。图2-41为实际采用的蓄电池电压检测法的线路，在这个线路中，在调节器的分压器与发电机B点之间增加了一个电阻R_4和一个二极管VD_2。这样，当B点与蓄电池正极之间或S点与蓄电池正极之间出现断路时，由于R_4的存在，仍能检测发电机的端电压U_B，使调节器正常工作，可以防止发电机电压过高的现象。

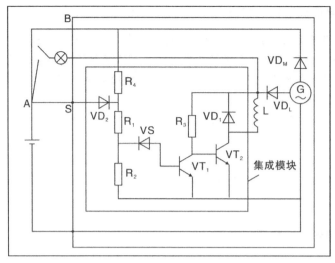

图2-41　汽车电源系组成

●集成电路式电压调节器实例

　　天津夏利轿车发电机内装集成电路式电压调节器及充电系统电路，如图2-42所示，该发电机调节器是由一块单片集成电路和晶体管等元件组成的混合集成电路调节器，装于发电机内部，构成整体式交流发电机，调节器为内装式外搭铁型。

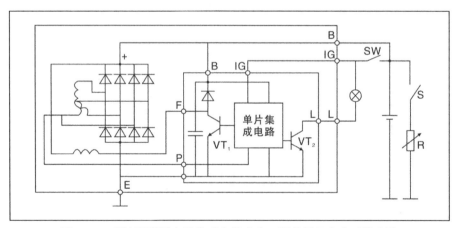

图2-42　天津夏利轿车用集成电路式电压调节器及充电系统电路

　　该调节器有6个接线端子，F、P、E三个端子用螺钉直接和发电机连接，B端用螺母固定在发电机的输出端子"B"上，IG、L两个端子用金属线引到调节器的外部接线插座上。

·励磁电流控制

　　VT_1是大功率晶体管，与励磁电路串联，由集成电路（IC）片控制VT_1导通和截止，从而控制励磁电路通断，使发电机电压得到控制。

·充电指示灯

　　充电指示灯串接在VT_2集电极上，VT_2导通充电指示灯亮，VT_2截止充电指示灯熄灭。在集成电路（IC）片中有控制VT_2导通和截止的电路，控制信号由P点提供，P点提供的是发电机单相电压的交流信号，其信号幅值大小可反映发电机输出电压高低。

　　当发电机输出电压低于蓄电池电压时，IC控制电路使VT_2导通，充电指示灯亮，当发电机输出电压高于蓄电池电压时，IC控制电路使VT$_2$截止，充电指示熄灭。

④计算机控制的电压调节器

图2-43为广州本田雅阁轿车直列4缸发动机配用的发电机电压调节器电路图，发电机整流器为8管。调节器为内装式外搭铁型，由发动机控制单元控制。

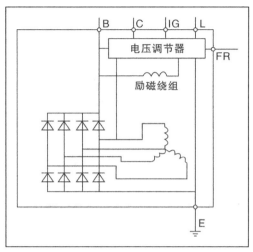

图2-43 广州本雅阁轿车发电机调节器电路

在汽车电路中有一个负载检测仪，检测电路中总电流负载大小，送信号到发动机控制单元，调节器C接线端子送发电机电压信号到发动机控制单元，发动机控制单元根据这两个信号判断励磁电路应该接通还是断开，输出控制信号到FR端子，驱动调节器的控制电路，适时地接通和断开励磁绕组电路，以此控制发电机的输出电压。

（3）交流发电机及电压调节器的使用

① 交流发电机及电压调节器的正确使用

●蓄电池的搭铁极性必须与交流发电机搭铁极性相同。国产及进口交流发电机均为负极搭铁，蓄电池必须负极搭铁。否则，蓄电池将通过整流器大电流放电，很短时间内就会把整流管烧坏。

●发电机运转时，不能使用短接"试火"的方法检验交流发电机是否发电，否则容易损坏二极管及调节器电子元件。

●发现交流发电机不发电或充电电流较小时，应及时找出故障予以排除，如长期带故障运行，发电机可能出现严重故障或损坏。一个二极管短路，将会使其他二极管和定子绕组烧坏。

●绝对禁止用220V以上交流电压或绝缘电阻表检验发电机的绝缘性能，否则将损坏整流二极管及调节器中的电子元件。

●发电机正常运行时，切不可任意拆卸各电器的连接线，以防引起电路中的瞬时过电压，损坏二极管及调节器中的电子元件或其他电子设备。

●发电机与蓄电池之间的导线一定要连接可靠。当发电机高速运转时，如果该导线突然断开，会产生瞬时高压，损坏电子元件。

●发动机熄火后，应及时断开点火开关。否则蓄电池会通过励磁绕组放电，浪费蓄电池电能，同时还容易烧坏发电机励磁绕组或调节器内大功率管。

●交流发电机与电压调节器的搭铁形式必须一致。内搭铁型调节器只能与内搭铁型交流发电机配合使用，外搭铁型调节器只能与外搭铁型交流发电机配合使用，否则发电机无励磁电流而不发电。

●交流发电机与电压调节器的电压等级必须一致，否则充电系统不能正常工作。

●电压调节器与发电机的连线必须正确，否则会烧坏发电机或调节器。

●电压调节器的调节功率必须满足要求，否则会烧坏调节器或造成浪费。

②电压调节器的代换方法

进口车车型复杂，改型也快，原厂调节器有时买不到，可以考虑用国产调节器代换，不过应遵循以下原则：

●标称电压应相同。14V、28V发电机应配14V、28V调节器。

●代用调节器所配发电机功率应与原厂发电机功率相同或接近。

●搭铁形式相同，即发电机和调节器的搭铁形式相同。若两者搭铁不同，可通过改变发电机的搭铁形式来处理。

●代用调节器的结构形式应尽量相同或相近（如同是晶体管式，或同是集成电路式等），这样可使接线变动最小。

●安装代用调节器时，应尽量装在原位置或离发电机较近处。

任务八　交流发电机的检查与维护

一、任务分析

交流发电机检测包括就车检测和车下分解检测。就车检测主要是检查发电机传动皮带张紧度，而车下分解检测主要包括电刷、转子、集电环、定子、整流器、电刷架等发电机内部零部件检测。

二、相关知识

1. V带松紧度检查与调整

（1）V带松紧度检查

大拇指用力（30～40N）压下风扇与发电机之间的V带（图2-44），其挠度应符合出厂规定，一般为10～15mm，否则应予以调整。

如果V带有老化、裂纹（图2-45）应更换。更换V带时应两根同时更换。

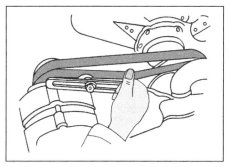

图2-44　V带松紧度检查

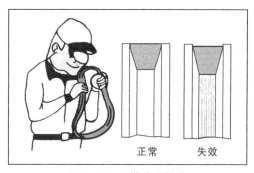

图2-45　V带外观检查

（2）V带松紧度调整

用弹簧加力器向V带施加30～40N的力，V带的挠度（在水泵与发电机之间的中点上）应为10～15mm，否则应进行调整。

调整时，先旋松发电机前后端盖上的支承螺栓，用撬棒将交流发电机V带张力调到标准值，再重新旋紧前后端盖上的支承螺栓（图2-46）。

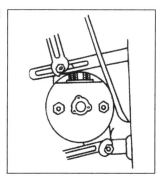

图2-46　V带松紧度的调整

2. 电刷的检查与更换

（1）电刷的检查

电刷表面不得有油污，电刷在刷架中应能自由滑动，电刷架不得有裂痕或破损，电刷弹簧张力应符合出厂规定，一般为1.5～2N。电刷外露长度（图2-47）应符合出厂规定。

（2）电刷的更换

用卡尺检查电刷长度，自由状态下标准外露长度为13mm，使用极限外露长度为5mm。小于极限值时，应更换。

先将废电刷引线用电烙铁从接线片上熔下，换上新电刷。在确保新电刷在电刷架内活动自如后，将引线用锡焊焊好。

为确保接触面积，应将新电刷与滑环的接触面磨成与滑环圆柱面相吻合的圆弧形，如图2-48所示。

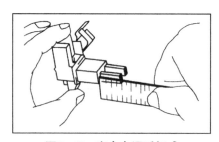

图2-47 汽车电源系组成

图2-48 电刷的更换

3. 转子的检测

（1）励磁绕组检测

① 励磁绕组短路和断路的检查

检查励磁绕组短路和断路故障时，万用表置于"Ω"挡位置，表笔分别与两个滑环相接触，如图2-49所示。如果电阻无穷大，则说明励磁绕组有断路故障；如果电阻比规定值小，则说明励磁绕组有短路故障。

② 励磁绕组与铁芯间短路故障检查

励磁绕组与铁芯间的短路故障可以用万用表或交流试灯进行检查。将万用表置于"Ω"挡的$R \times 10k$位置、表笔分别触在滑环和转子轴上，如图2-50所示，如果电阻无穷大，说明励磁绕组绝缘良好，否则说明有短路故障。用交流试灯检查，将试灯的正负极分别触在滑环和转子轴上，灯亮表明励磁绕组或滑环有短路故障。

图2-49　测励磁绕组

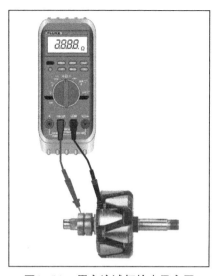
图2-50　用交流试灯检查示意图

（2）集电环检修

集电环表面不得有油污，两滑环之间不得有污物，应光洁，否则应进行清洁，可用蘸有汽油的抹布擦干净。如果滑环脏污严重并有轻微烧损，可用细砂布磨光；如果严重烧损或失圆，可用车床车削修复，修复后，集电环表面粗糙度≤Ra1.60μm，滑环厚度≥1.50mm。

（3）转子轴和轴承检修

因为发电机转子转速很高，转子与定子之间必须有间隙，这个间隙不能太大（一般为0.25～0.50mm，最大不超过1.0mm）。因此，要求转子磁极外圆周表面对两端轴颈公共轴线的径向圆跳动≤0.05mm，否则应予校正或更换。

如果是封闭式轴承，切莫拆开密封圈，不宜在溶剂中清洗，轴承径向不应有松旷感觉，滚珠和轨道应无明显损伤，转动灵活，否则应及时更换。

4．定子检测

（1）定子绕组断路的检查

一般来说，万用表检查定子绕组是否存在断路故障。万用表置于"Ω"挡位置，两表笔任意接触定子绕组的两相首端，电阻值很小且都相等，则说明没有断路故障；若电阻无穷大，则说明定子绕组有断路故障，如图2-51所示。

（2）定子绕组与铁芯间短路检查

定子绕组与铁芯间短路故障的检查方法有万用表检查法和试灯检查法。用万用表检查，万用表置于"Ω"挡的R×10k位置，表笔分别触在定子铁芯和定子绕组的端子上，如果电阻无穷大，说明绕组绝缘良好，否则说明有搭铁故障，如图2-52所示。用试灯检查法，灯亮说明绕组有搭铁故障，灯不亮为绝缘良好。

图2-51　定子绕组断路的检查

图2-52　定子绕组与铁芯间短路检查

5. 整流器检测

（1）正极管检测

选择数字万用表的→⊢挡，红表笔与二极管的正极相接，黑表笔与二极管的负极相接，万用表→⊢挡位的指示灯亮且发出蜂鸣声（图2-53），否则说明该二极管已坏；将两表笔对调进行测试，此时万用表的→⊢挡指示灯不亮且无蜂鸣声，否则说明二极管已坏。

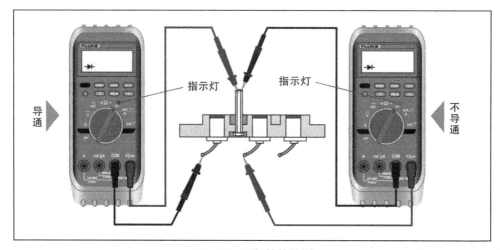

图2-53　正极管的检测

（2）负极管检测

选择数字万用表的→⊢挡，红表笔与二极管的正极相接，黑表笔与二极管的负极相接，万用表→⊢挡位的指示灯亮且发出蜂鸣声（图2-54），否则说明该二极管已坏；将两表笔对调进行测试，此时万用表的→⊢挡指示灯不亮且无蜂鸣声（见图2-54），否则说明二极管已坏。

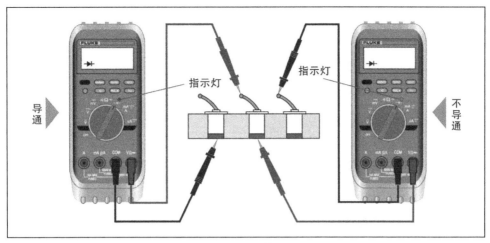

图2-54 负极管的检测

6. 电压调节器检测

（1）电子调节器的检查

按图2-55所示，用一个电压可调的直流稳压电源（0～30V，3A），一只12V（或24V）、20W的车用小灯泡代替发电机磁场绕组连接后进行试验。调节直流稳压电源，当其输出电压从零逐渐增大时，灯泡应逐渐变亮。当电压升高到调节器的调节电压（14V±0.2V或28V±0.5V）时，灯泡应突然熄灭。如果电压超过调节电压值，灯泡仍不熄灭或一直不亮，都说明调节器有故障。

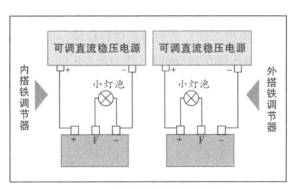

图2-55 电子调节器检测接线图

（2）集成电路调节器的检查

如图2-56所示，将拆下整体式发电机上所有连接导线，在蓄电池和发电机"L"接线柱之间串联一只5A电流表（可用12V 20W或24V 25W车用灯泡代替），再将可调直流稳压电源的正极端接发电机的"S"接头，负极端与发电机外壳或"E"相接。调节直流稳压电源，使电压逐渐升高，直至电流表读数为零或测试灯泡熄灭，此时电压值就是调节器的调节电压值。如果该值符合规定，则说明调节器完好正常。否则，说明调节器损坏，应予更换。

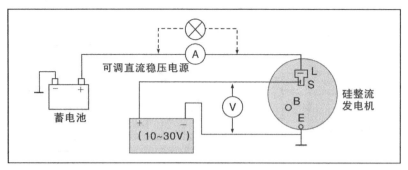

图2-56　集成电路调节器检测接线图

7．电刷架总成的检查

检查电刷架总成，电刷架应无破损或裂纹，电刷在电刷架中活动自如，无卡滞现象。

电刷长度（或叫电刷高度）不应低于原长的三分之二，否则须更换，电刷长度的测量如图2-57所示。

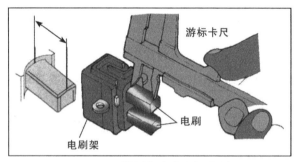

图2-57　检测交流发电机电刷

电刷弹簧的弹力和长度应根据不同车型的要求进行检验。例如，某车型交流发电机电刷弹簧自由高度应在30mm左右，当压缩至14mm时，压力应为0.1～0.2kg，若检测的实际值不符合要求时应更换，以免造成电刷与滑环接触不良或加速电刷与滑环的磨损。

任务九　常见车型电源系统的工作原理

一、任务分析

车型不同充电电路也不完全相同，不过其原理是基本相同的，本任务以通用、丰田、现代车系充电电路图为例，介绍充电电路原理及电路图读图。

二、相关知识

1. 2.5L（LB8）和3.0L（LW9）别克君威充电电路

图2-58所示为2.5L（LB8）和3.0L（LW9）起动电路。发电机提供电压并给蓄电池充电。

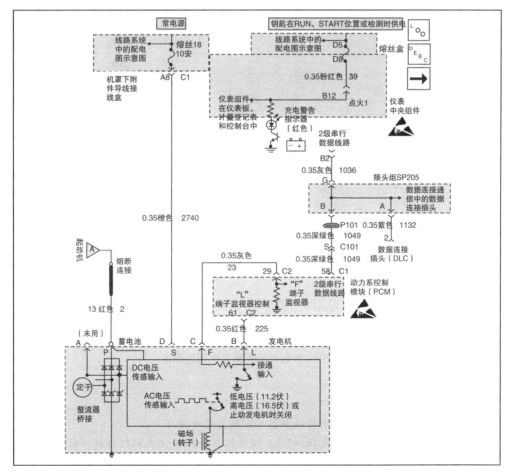

图2-58　2.5L（LB8）和3.0L（LW9）充电电路图

充电电路分析：

充电电信号路径：发电机端子→熔断连接→蓄电池正极→G113、G100搭铁点→发电机搭铁点，发动机驱动发电机转子，形成旋转的磁场，定子绕组切割磁感线产生交流电动势，交流的电动势经整流器的转换和电压调节器的调节，发动机向电气系统输出电压稳定的直流电。

现在的发电机数字调节器一般都采用数字电子技术，供给转子电流，从而控制输出电压。转子电流与数字电压调节器所提供的电脉冲宽度成比例关系。当点火开关置于RUN（运行）位置，动力系统控制模块提供电压给端子L，从而开启数字调节器。窄脉冲宽度供给数字转子，产生一个弱磁场，当发动机起动后，数字调节器通过检测定子的交流电压，传感发电机转动，一旦发动机运转，数字调节器则通过控制脉冲宽度来改变磁场电流，这样就可调节发电机向外输出电压，适当地给蓄电池充电，给电气系统正常供电。

动力传动系统控制模块29号端子接发电机F端子，从而对发电机的工作情况进行监测。

2. 卡罗拉轿车电源系统电路

图2-59是丰田卡罗拉轿车电源系统电路。

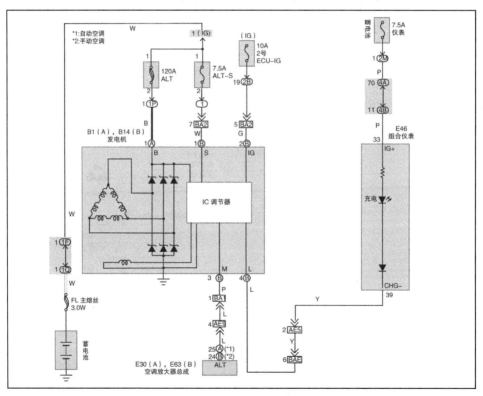

图2-59　丰田卡罗拉轿车电源电路图

充电电路分析：

发动机的电压调节器是内装集成电路调节器（检测蓄电池电压）。

充电指示灯控制电路为：蓄电池电压→7.5A仪表熔丝→组合仪表33接线柱→仪表内部充电指示灯→组合仪表39接线柱→发电机B4（L）端。

当发电机不发电或输出电压低于蓄电池电压时，发电机B4（L）端为低电压，在充电指示灯的两端有电压差，此时充电指示灯亮；当发电机发电后，发电机B4端的电压上升，此时充电指示灯两端的电压相等（都为发电机的端电压），充电指示灯熄灭。

发电机A1（B）插接器是交流发电机的输出端，充电电路为：发电机A1端→120A熔丝→FL 3.0W主熔丝→蓄电池正极，发电机给蓄电池充电。

发电机B2（IG）端子为电压调节器供电端，电路为：从点火开关来的电压→10A 2号ECU-IG熔断丝→发电机B2（IG）端子。

发电机B1（S）端子为蓄电池端电压检测端，检测电路为：蓄电池电压→FL主熔断丝→7.5A ALT-S熔断丝→发电机B1（S）端子。

发电机B3（M）端子接空调放大器：用于控制空调加热器元件的数量。

3. 北京现代索纳塔电源电路

索纳塔充电系统电路如图2-60所示，是内装集成电路调节器整体式交流发电机，当点火开关闭合时，电路分析如下。

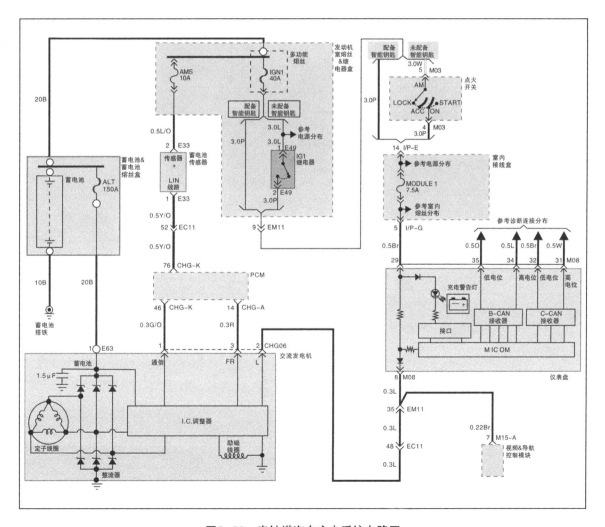

图2-60　索纳塔汽车充电系统电路图

发电机L端为充电指示灯控制端，电路为：蓄电池→发动机室熔丝继电盒内的多功能熔丝

IGN140A熔丝→EM11插接器的9#→M03插接器的5#→点火开关的ON挡→M03插接器的4#→室内接线盒插接器I/P-E的14#→I/P-G的5#→仪表盘插接器M08的29#→充电指示灯→插接器M08的8#→EM11的35#→EC11的48#→CHG06插接器的2#→L端子。

当发电机不发电或输出电压低于蓄电池电压时，发电机CHG06 2（L）端子为低电压，在充电指示灯的两位有电压差，此时充电指示灯亮；当发电机发电后，发电机L端的电压上升，此时充电指示灯两端的电压相等（都为发电机的端电压），充电指示灯熄灭。

发电机E63 1#是交流发电机的电压输出端，充电电路为：发电机E63的1#→蓄电池&蓄电池熔丝盒内的熔丝ALT15A熔丝→蓄电池正极。

发电机通信端子和FR端子通向PCM控制模块，和蓄电池传感器共同对发电机的充电进行情况进行检测，例如当蓄电池温度过高或出现异常时通过电脑控制发电机停止对蓄电池进行充电，同时充电指示灯会点亮提示驾驶员。

项目三 起动系统

任务一 起动系统概述

一、任务分析

起动机的作用是起动发动机，发动机起动后，起动机便立刻停止工作，通过本任务的学习应掌握起动系统的作用、起动系统的组成。

二、相关知识

1. 起动系统的作用

起动系统的功用是把来自蓄电池的能量转换并传送到用于转动发动机的起动机上，使发动机旋转并进入自行运转状态。在发动机进入工作状态后，起动系统的工作也就结束了。

2. 起动系统的组成

起动系统包括用于起动发动机的机械和电气部件。早期汽车的起动依靠人力，现代汽车的起动系统由起动机、蓄电池、点火开关、起动继电器和空挡起动开关等组成，如图3-1所示。

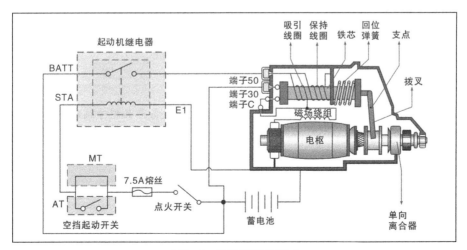

图3-1 起动系统的组成

（1）起动机

起动机是将电能转换为机械能的装置（图3-2），即将来自蓄电池的电能转换为能够使发动机曲轴旋转的机械能。

① 起动机的分类

起动机的种类很多，在各种起动机的三个组成部分中，电动机部分一般没有本质的差别，而控制方法和传动机构的啮合方式则有很大差异，因此起动机是按控制方法和传动机构的啮合方式的不同来分类的。

图3-2 起动机

● **按控制方法分**

· **机械控制起动机**

由脚踏或手拉杠杆联动机构直接控制起动机的主电路开关，来接通或切断起动机主电路。解放CA1OB型、跃进NJ130型汽车即采用这种方式。这种方式虽然结构简单、工作可靠，但由于要求起动机、蓄电池靠近驾驶室，而受安装布局的限制，且操作不便，因此目前已很少采用。

· **电磁控制起动机**

用按钮或钥匙控制电磁铁，再由电磁铁控制主电路开关，以接通或切断起动机主电路。由于装有电磁铁，可进行远距离控制，操作省力，因此现代汽车大都采用这种控制方式。

● **按传动机构啮合方式分**

· **惯性啮合式起动机**

起动机旋转时，驱动齿轮借惯性力自动啮入飞轮齿环。其特点是啮合结构简单，不能传递较大转矩，可靠性差，目前已很少使用。

· **强制啮合式起动机**

靠人力或电磁力拉动杠杆，强制拨动驱动齿轮啮入飞轮齿环。其特点是啮合机构简单、动作可靠、操作方便，目前广泛使用。

· **电枢移动式起动机**

靠磁极磁通的电磁力，使电枢轴向移动，将驱动齿轮啮入齿环。目前广泛使用于大功率柴油发动机上。

· **减速式起动机**

减速起动机采用高速、小型、低力矩电动机，在传动机构中设有减速装置，质量和体积比普通起动机可减小30%～35%，但结构和工艺比较复杂。

② 起动机的型号

根据国家汽车工业行业标准QC/T 73—1993《汽车电气设备产品型号编制方法》的规定，起动机的型号如下：

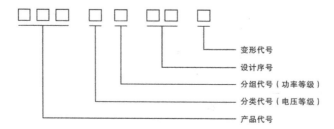

第1部分产品代号为QD：其中Q表示起，D表示动，其产品代号有QD、QDJ、QDY，分别表示起动机、减速起动机及永磁起动机。

第2部分为电压等级代号：1-12V，2-24V，6-6V。

第3部分为功率等级代号：其值符合表3-1中的规定。

第4部分为设计序号。

第5部分为变形代号。

例如：

●QD124表示额定电压为12V、功率为（1～2）×0.736kW，第四次设计的起动机。

●QD275表示额定电压为24V、功率为（7～10）×0.736kW，第五次设计的起动机。

表3-1　起动机的功率等级代号

分组代号	1	2	3	4	5	6	7	8	9
功率等级/KW	−0.736	>（1～2）×0.736	>（2～3）×0.736	>（3～4）×0.736	>（4～5）×0.736	>（5～7）×0.736	>（7～10）×0.736	>（10～15）×0.736	>15×0.736

任务二　起动机的结构与工作原理

一、任务分析

起动机是起动系统的核心，通过本任务的学习应掌握起动机的构造与工作原理。

二、相关知识

起动机一般由直流式电动机、传动机构、控制装置三部分组成。图3-3是起动机构成分解图。

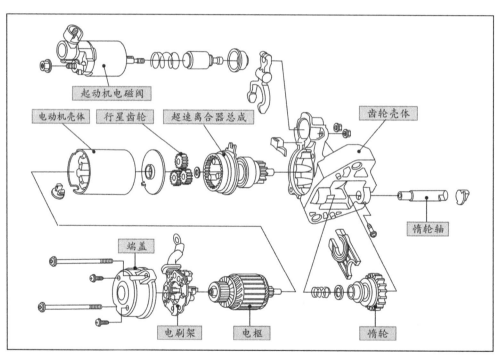

图3-3　起动机的组成

1. 电动机

电动机主要由电枢（转子）总成、磁极（定子）、电刷架总成和壳体等组成。

（1）电枢（转子）总成

电枢是产生电磁转矩的核心部件，主要由电枢轴、电枢铁芯、电枢绕组和换向器组成，如

图3-4所示。铁芯由许多相互绝缘的硅钢片叠装而成，其圆周表面上有槽，用来安放电枢绕组。

换向器是通入电刷的直流电流转换为电枢绕组中导体所需的交流电。它一般是由铜片和云母片相间叠压而成。换向器上焊接有电枢绕组各线圈的端头。

（2）磁极（定子）总成

磁极的作用是产生磁场，由励磁线圈（绕组）和极靴（铁芯）组成，如图3-5所示。

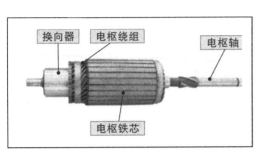

图3-4　电枢总成

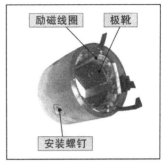

图3-5　磁极总成结构

极靴用螺钉固定在壳体的内壁上，其上套有励磁绕组。一般来说，磁极的数目为两对（四个）。励磁绕组有三种常见的连接方式，如图3-6所示。

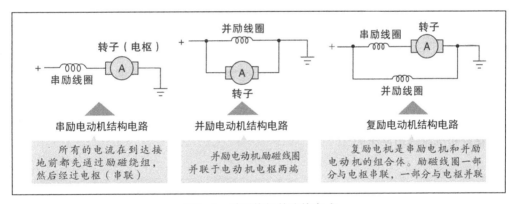

图3-6　励磁绕组的连接方式

① 串励式结构

互相串联，所有电流在到达接地前都先通过励磁绕组，然后经过电枢。

② 并励式结构

先将励磁绕组串联后再与电枢并联，励磁线圈并联于电枢的两端。

③ 复励式结构

复励式同时具有串励式和并励式的工作特性，因为复励式结构中的一些励磁线圈与电枢串联，另一些（通常为一组）励磁线圈直接和蓄电池相连并与电枢并联。总之，不论以哪种方式连接，四个励磁绕组所产生的磁场极性一定是相互交错的。通常，以励磁绕组的不同连接方式来给起动机分类。

（3）电刷架总成

电刷架总成由电刷、电刷架和电刷弹簧组成，其作用是将电流引入电动机，如图3-7所示。电刷被安装在电刷架上，依靠电刷弹簧压力压紧在换向器上。一般来说，电刷弹簧的压力为11.7～14.7N。

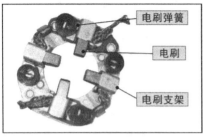

图3-7　电刷架总成

（4）端盖与壳体

端盖分为前端盖和后端盖。后端盖一般用钢板压制而成，其上装有电刷架，前端盖用铸铁浇铸而成。它们分别装在机壳的两端，靠两个长螺栓与起动机壳体固定在一起。

起动机壳体用钢管制成，一端开有窗口，便于观察电刷和换向器，平时用防尘箍盖住。壳体上只有一个电流输入接线柱（与外壳绝缘），并在内部与磁场绕组的一端相接。

（5）电动机的工作原理

电磁学的一个基本原理是每个通电导体的周围都存在磁场，磁场强度随电流强度增大而增强。

在起动电动机内励磁线圈产生了强大的磁场，电枢作为导体置于这个磁场当中，电枢与励磁线圈间只有非常小的间隙。

两个磁场作用在一起，它们的磁力线要么"捆在一起"，要么在电枢绕组一侧的变强而导体另一侧的变弱。这样就使导体从磁场强度强的区域移动到磁场强度弱的区域，因此电枢开始旋转。转矩随着流过起动电动机电流的增大而增大，其大小由起动电动机内的磁场强度决定。磁场强度是按安-匝数计量，电流或线圈匝数增加，磁场强度就增加。起动电动机的磁场是由两个或多个极靴和励磁绕组产生的。

2. 控制部分

（1）电磁开关

电磁开关主要由电磁线圈、活动铁芯、移动触点、回位弹簧和保持弹簧等组成，如图3-8所示。其中电磁线圈与电动机串联，保持线圈与电动机并联，直接搭铁。活动铁芯一端通过接触盘控制主电路的导通，另一端通过拨叉控制驱动齿轮与飞轮的啮合。在起动机电磁开关上有三个接线柱：点火线圈附加电阻短路接线柱（接点火线圈）、主接线柱（接蓄电池的起动电缆线）和起动接线柱（接点火开关起动挡ST或起动继电器）。

当起动电路接通后，吸引和保持电磁线圈同时通电，保持电磁线圈的电流从起动机接线柱流入，经线圈后直接搭铁，吸引线圈的电流也从起动机接线柱流入，但经线圈后并未直接搭铁，而是流经电动机，最后再搭铁。两线圈通电后产生较强的电磁力，这个力克服弹簧弹力使活动铁芯移动，铁芯带动拨叉拨动离合器，使起动机驱动齿轮与飞轮啮合。与此同时，铁芯推动接触盘移向两个主接线柱触点，在驱动齿轮与飞轮齿圈进入啮合后，接触盘将两个主触点接通，让电动机通电运转。

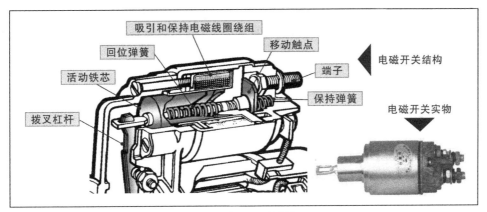

图3-8　电磁开关结构图

（2）起动继电器

起动继电器是起动系统控制电路的主要部件之一，常见有单联式和组合式两种类型。

① 单联式起动继电器

单联式起动继电器的结构如图3-9所示。接线时SW接点火开关"起动"（Ⅱ）挡或起动按钮，E搭铁，B接蓄电池"+"极，S接起动机电磁开关"起动机"接柱。

起动发动机时，点火开关旋到起动（Ⅱ）挡，继电器线圈L通电，触点K闭合，B与S间电路接通，电磁开关吸引线圈和保持线圈通电，起动机工作。

发动机起动后，松开点火开关或起动按钮，线圈L断电，继电器触点K打开，切断通往电磁开关的电路，起动机停止工作。

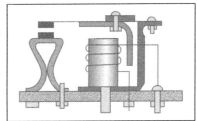

图3-9　单联式起动继电器

② 组合式继电器

目前，很多汽车的起动系统多装用组合式起动继电器。它是将起动继电器和保护（充电指示灯）继电器组装在一起的双联式继电器，如图3-10所示。起动继电器用来控制起动机电磁开关工作，触点K1常开，线圈L1承受蓄电池的端电压。保护（充电指示灯）继电器触点K2常闭，线圈L2在发电机中性点电压作用下，使起动机具有安全保护（自锁）功能。充电指示灯接在L接线柱与点火开关之间，可进行充电指示控制，监视充电系统工作状况。

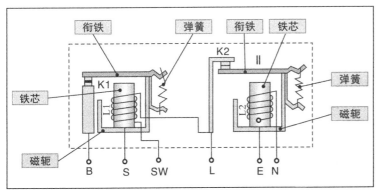

图3-10　JD171型组合式继电器

●组合式起动继电器的作用

·使起动机具有安全（自锁）保护功能，即在发动机起动后，即使未及时松开点火开关或起动按钮，起动机也能自动停止工作，还能防止发动机运转时带动起动机运转，导致起动机误工作。

·与点火开关或起动按钮配合，控制起动机电磁开关吸引线圈和保持线圈电流的通、断，避免因两线圈电流过大而烧损点火开关或起动按钮。

·控制充电指示灯工作。

3. 传动机构

传动机构的主要作用是将起动机的扭矩传递给发动机飞轮，继而带动发动机起动。传动机构由拨叉、单项离合器、电枢轴和驱动齿轮等组成，其中拨叉和单向离合器是主要装置。

（1）拨叉

拨叉使单向离合器轴向移动，使驱动齿轮与飞轮啮合。现在较为常见的是电磁式拨叉，即拨叉由电磁开关控制。

如图3-11所示，发动机起动时，驾驶员将点火开关旋到起动（Ⅱ）挡，线圈通电产生电磁力，将铁芯吸入，于是便带动拨叉转动，由拨叉下端推出单向离合器，使驱动齿轮啮入飞轮齿环。

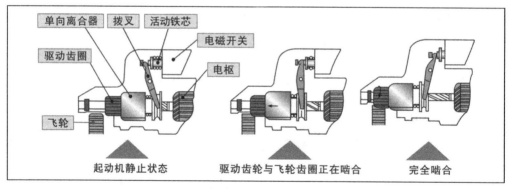

图3-11　起动机传动机构工作示意图

发动机起动后，立即松开点火开关，点火开关自动回到点火（Ⅰ）挡，电磁开关线圈断电，电磁力消失，在复位弹簧作用下，铁芯退出，拨叉回位，拨叉下端使驱动齿轮脱离飞轮齿环。

（2）单向离合器

在起动发动机时，单项离合器将起动机的转矩传给飞轮，继而带动曲轴旋转；在发动机起动后，它可以自动打滑，让飞轮不能带动起动机电枢轴转动，避免损坏起动机。

常见的起动机单项离合器的类型主要有滚柱式、弹簧式和摩擦片式三种。

① 滚柱式单向离合器

滚柱式单向离合器是现代汽车起动机使用最多的一种，其结构如图3-12所示。其主要由主动部分、从动部分、主从动连接部分和操纵部分组成。

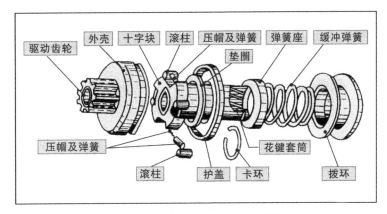

图3-12　滚柱式单项离合器结构

滚柱式单向离合器的工作原理如图3-13所示。发动机起动时，拨叉推动单向离合器使其沿电枢轴花键移出，驱动齿轮啮入飞轮齿环。当起动机旋转时，十字块随电枢轴一同旋转，滚柱滚入楔形槽的窄处并被卡死，使主、从动部分连接为一体，于是电动机转矩传给外壳及驱动齿轮，带动飞轮使发动机起动。当发动机起动后，飞轮便带动驱动齿轮转动，而施加给驱动齿轮的力恰好与起动时的方向相反，且速度大于十字块转速，于是滚柱滚入楔形槽的宽处使主从动两部分分离而打滑。这样转矩就不能从驱动齿轮传给起动机电枢，从而防止了电枢超速飞散的危险。

② 弹簧式单向离合器

弹簧式啮合器结构如图3-14所示。

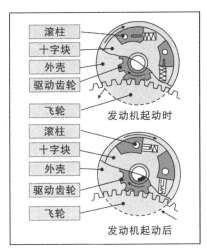

图3-13　滚柱式单项离合器工作原理

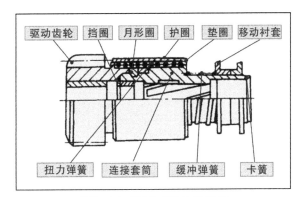

图3-14　弹簧式啮合器结构

当起动机带动曲轴旋转时，扭力弹簧扭紧，抱紧驱动齿轮柄和连接套筒，于是电枢的转矩通过连接套筒、扭力弹簧、驱动齿轮传至飞轮齿圈，使发动机起动。发动机起动后，驱动齿轮的转速高于起动机电枢，则扭力弹簧放松，如此飞轮齿圈的转矩便不能传给电枢，即驱动齿轮只能在电枢轴的光滑部分上空转而起单向分离的作用。

③ 摩擦片式单向离合器

大、中功率的起动机多采用摩擦片式单向离合器，它是通过摩擦片的压紧和放松来实现单向传力的。摩擦片式单向离合器的结构和工作原理如图3-15所示。

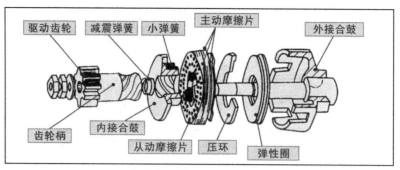

图3-15　摩擦片式单向离合器结构及工作原理

当起动机带动曲轴旋转时，内接合鼓沿螺旋线向右移动，将主、从动摩擦片压紧，利用摩擦力将电枢的转矩传给飞轮。发动机起动后，起动机驱动齿轮被飞轮带着转动，当其转速超过电枢转速时，内接合鼓则沿螺旋线向左退出，主、从动摩擦片松开而打滑，这时仅驱动齿轮随飞轮高速旋转，但不驱动起动机电枢，从而避免了电枢超速飞散的危险。

任务三 起动系统的工作原理

◑ 一、任务分析

通过本任务中的常规起动系统原理以及常见车型起动系统电路图的讲解，应掌握起动系统工作原理，并学会识读起动系统电路图。

◑ 二、相关知识

1. 起动系统工作原理

起动系统工作原理如图3-16所示。

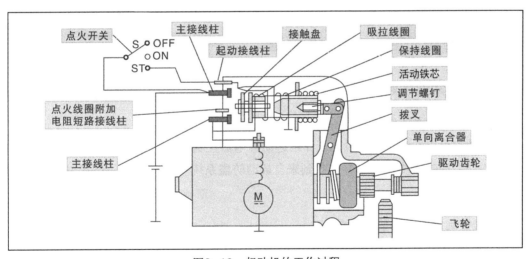

图3-16 起动机的工作过程

① 点火开关在"OFF"位置

当点火开关处于"OFF"位置时，在回位弹簧的作用下，触点是分开的，也就切断了流过线圈的电流。

② 点火开关在"ST"位置

点火开关转到"ST"位置时，电流从蓄电池正极经过"S"接线端流向分流线圈和串绕线圈。铁芯被磁化，成为一个电磁铁，把柱塞拉向左侧。柱塞的运动通过拨叉传递给驱动齿轮。所以，驱动齿轮向右移动，开始与飞轮啮合。

在触点闭合之前，流过串绕线圈的电流流入电动机。这样，电动机开始缓慢转动。

蓄电池正极→主接线柱→点火开关S→起动接线柱（保持线圈→搭铁，吸拉线圈→主接线柱→串励式直流电动机→搭铁）。

③ 点火开关在"ST"位置

因为柱塞一直被拉着，所以触点一直压在一起。这就使得接线端B和M之间的电路闭合，大电流（通常是150A到200A）开始流入电动机。然后，电动机就迅速旋转起来。

同时，驱动齿轮完全与齿圈啮合在一起，然后，用大的起动功率起动发动机。

当触点闭合时，电流将不会流过串绕线圈。触点仅仅在分流线圈的电磁力作用下闭合在一起。

电流信号走向：蓄电池正极→主接线柱→接触盘→主接线柱→励磁绕组→电刷→电枢绕组→电刷→搭铁。

④ 点火开关从"ST"位置转"ON"位置

当点火开关从ST位置回到ON位置时，发动机起动以后，流过串绕线圈的电流将反向流动，当点火开关合上时，产生一个反向的电磁力抵消分流线圈的电磁力。

结果，柱塞在回位弹簧的作用下回到了初始位置。

柱塞回到初始位置，导致小齿轮与齿圈分离，同时，触点分开，流向电动机的电流被断开，电动机的回转力消失。

吸拉线圈与保持线圈的电流信号走向：蓄电池正极→主接线柱→接触盘→主接线柱→吸拉线圈→保持线圈→搭铁。

2. 常见车型起动系统的工作原理

（1）福特蒙迪欧起动系统工作原理

福特蒙迪欧起动系统电路图如图3-17所示。

从电路图中可以知道，起动机的工作由起动继电器控制，起动继电器又由点火开关控制。

只有当动力控制模块（PCM）接收到来自被动防盗系统（PATS）的正确信号时，此回路才通。

① 初级控制电路电流信号走向

蓄电池正极 ⟶ 熔丝F2.24 ⟶ 点火开关（起动）

搭铁 ⟵ 动力控制模块A147 ⟵ 起动继电器K22线圈

② 次级控制电路电流信号走向

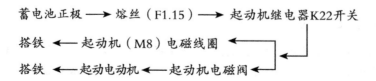

主控制电路受控于次级控制电路，次级控制电路又受控于初级控制电路。

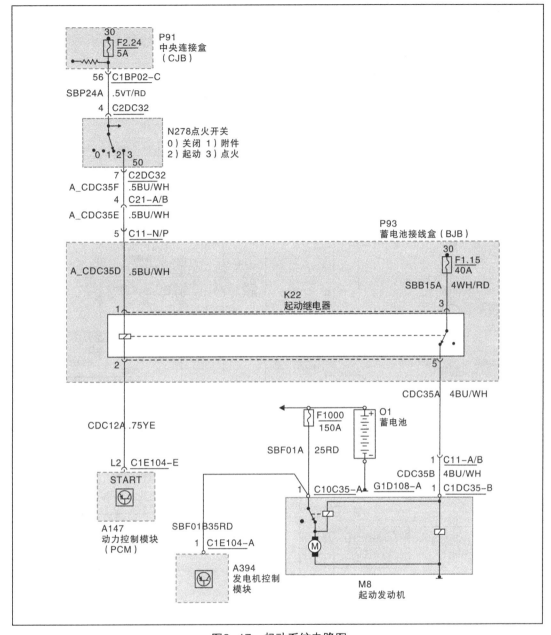

图3-17　起动系统电路图

　　主控制回路电流虽然通过起动电动机，但电流很小，不足以驱动电动机。因此电动机需要蓄电池直接供电，汽油机电流一般为200～600A，柴油机可达1000A。

③ 主控制电路电流信号走向

蓄电池正极 ──→ 熔丝（F1000）──→ 起动机电磁阀开关 ┐

搭铁 ←── 起动电动机 ←──────────────────────┘

（2）丰田凯美瑞起动系统工作原理

丰田凯美瑞起动系统电路图如图3-18所示。

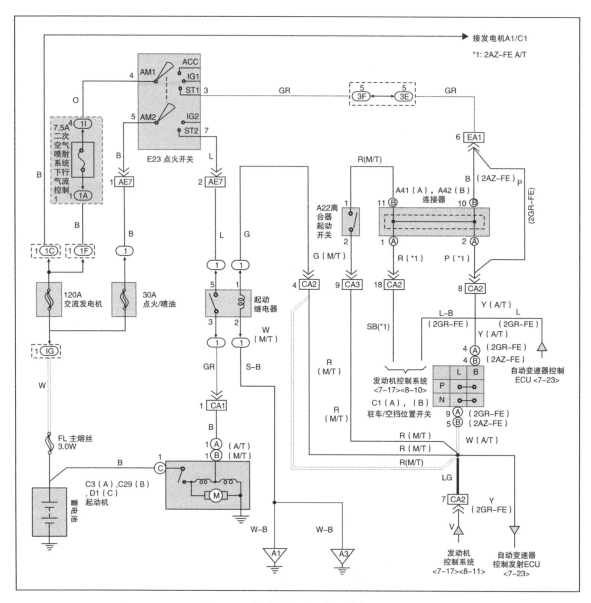

图3-18　起动系统（不带遥控钥匙）

从图3-18可以知道，该起动电路分为三级控制。

① 初级控制电路

当点火开关置于START位置时，初级控制电路的信号流向：

蓄电池正极→FL 3.0W主熔丝→120A熔丝→7.5A 二次空气喷射系统下行气流控制1 熔丝→点火开关4#→点火开关3#→驻车/空挡位置开关→起动继电器1#→起动继电器线圈→起动继电器2#→A1或A3接地,点接地。

此时起动继电器线圈得电，其触点闭合，1号继电器盒中的起动继电器5#与3#导通，次级控制电路开始工作。

② 次级控制电路

蓄电池正极→FL　3.0W主熔丝→30A 熔丝→点火开关5＃→点火开关7＃→1号断电器盒中的起动继电器5＃→1号断电器盒中的起动继电器3＃→起动机A1（自动变速器A1/手动变速器B1）→吸引线圈→接地，保持线圈→起动电机→接地。

带智能进入和起动系统的车辆上有起动保持控制功能。ECU检测到起动机的起动信号后，通过离合器起动开关或驻车/空挡位置开关，输出起动机继电器驱动信号（STA信号）至起动机继电器，然后起动机开始转动。当 NE 信号达到预设值后，ECU停止输出STA信号。ECM 还根据STA端子电压状态来监控起动继电器的运行情况。

③ 主电路

蓄电池正极→起动机C1→电磁开关→起动机→起动机接地→蓄电池负极。此时起动机得电起动。

当起动机起动时，由于大量的电流流出，蓄电池端子电压下降。虽然发动机起动前蓄电池电压正常，但是只有在起动时蓄电池有一定量的电压，起动机才能正常转动。

任务四　起动机性能测试与检修及常见故障诊断

一、任务分析

通过本任务的学习，读者应掌握起动机的拆卸、分解、检测机组装，并能排除起动系统常见故障。

二、相关知识

1. 起动机性能测试

起动机性能测试步骤如下。

① 步骤1

拆下起动机，如图3-19所示。

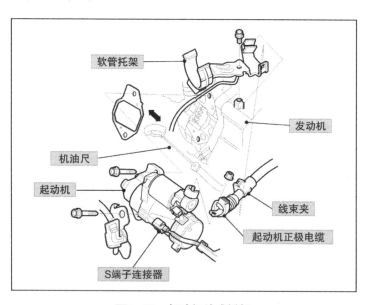

图3-19　起动机总成拆卸

② 步骤2

将电动机线束从端子M上断开。

③ 步骤3

在该测试中，尽可能用粗的（仪表）导线（最好与车辆所用仪表一样）进行连接。

注意： 为避免损坏起动机，禁止蓄电池连接超过10秒。

④ **步骤4**

连接蓄电池如图3-20所示。确保将起动机电机线束从端子M上断开。若起动机小齿轮移出，则能正常工作。

⑤ **步骤5**

将蓄电池从端子M上断开，如图3-21所示。若小齿轮不能缩回，则电磁阀的保持线圈工作正常。

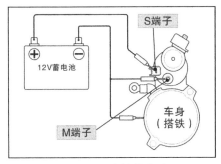
图3-20　连接蓄电池

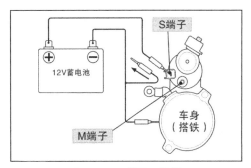
图3-21　断开M端子

⑥ **步骤6**

如图3-22所示，将蓄电池从起动机机体上断开。如果小齿轮立即缩回，则工作正常。

⑦ **步骤7**

将起动机牢固地夹在虎钳上。

⑧ **步骤8**

将电动机线束重新连接到端子M上。

⑨ **步骤9**

如图3-23所示，将起动机连接到蓄电池上，并确认电动机运转。

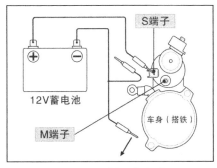
图3-22　断开蓄电池

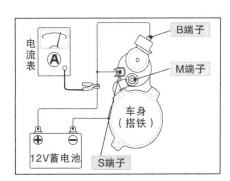
图3-23　连接蓄电池

⑩ **步骤10**

蓄电池电压为11.5V时，若电流与规格相符，则起动机工作正常。

注意： 不同车型所要求的电流规格是不同的，应参考相关车型的维修手册。

2．起动机大修

这里以2009款讴歌TL轿车为例，介绍起动机的大修方法，望读者举一反三。

（1）电刷架拆卸

电刷架的拆卸步骤如下。

① **步骤1**

拆下起动机。

② **步骤2**

将电动机线束从端子M上断开并拆下端盖。

③ **步骤3**

用螺丝刀撬起每个电刷弹簧后，将电刷置于电刷架外的中间位置。松开弹簧使其保持在此处。

④ **步骤4**

拆下图3-24所示电刷架总成。

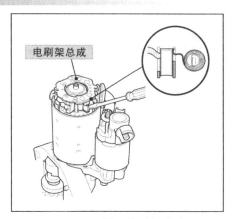

图3-24　拆下电刷架总成

（2）电枢的检查与测试

① **步骤1**

如图3-25所示拆解起动机。

② **步骤2**

使用永久磁铁接触电枢，检查是否磨损或损坏。若有磨损或损坏，请更换电枢，电枢如图3-26所示。

③ **步骤3**

检查换向器表面，如图3-27所示。如果表面脏污或烧蚀，则用金刚砂布或车床重新修整表面至规定范围内。

④ **步骤4**

检查换向器直径，如图3-28所示。如果测得直径在使用极限以下，则更换电枢。
换向器直径规格标准（新）：28.9～29.0 mm
使用极限：28.0mm

⑤ **步骤5**

测量换向器的跳动量，如图3-29所示。

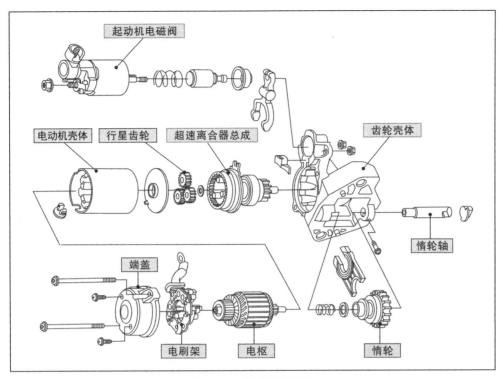

图3-25　起动机拆解图

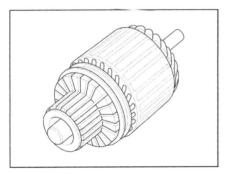

图3-26　检查电枢

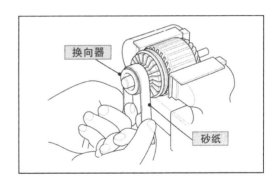

图3-27　检查换向器

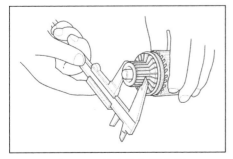

图3-28　检查换向器直径

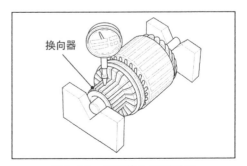

图3-29　检查换向器跳动量

若换向器的跳动量在使用极限内，则检查换向器整流片之间的碳屑或黄铜碎片。

若换向器跳动量不在使用极限内，则更换电枢。换向器跳动量规格如下。

标准（新）：最大0.02mm

使用极限：0.05mm

⑥ 步骤6

检查云母深度，如图3-30所示。若云母过高（B），则用钢锯条将云母凹槽切至适当的深度。切除换向器整流片之间的所有云母（C）。凹槽不能太浅、太窄或呈V形（D）。

换向器云母深度规格如下。

标准（新）：0.50～0.90mm

使用极限：0.20mm

⑦ 步骤7

使用欧姆表，检查换向器整流片之间是否导通，如图3-31所示。如果任何整流片之间断路，则更换电枢。

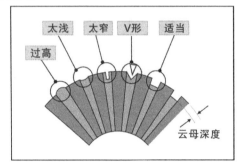

图3-30　检查云母深度

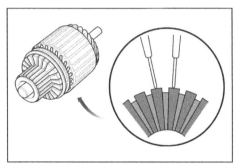

图3-31　检查换向器整流片之间导通性

⑧ 步骤8

将电枢放在一个电枢测试器上，如图3-32所示。将一钢锯条拿到电枢芯上方。如果电枢芯转动时，锯条被吸附或振动，则电枢短路，更换电枢。

⑨ 步骤9

使用欧姆表检查换向器与电枢线圈芯之间以及换向器与电枢轴之间是否导通，如图3-33所示。若导通，则更换电枢。

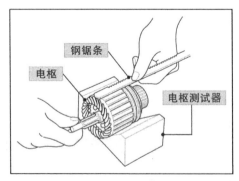

图3-32　检查电枢

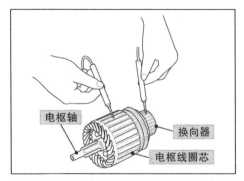

图3-33　检查换向器与电枢导通性

（3）单向离合器检查

① 步骤1

沿轴滑动离合器，如图3-34所示。若不能平稳滑动，则将其更换。

② **步骤2**

固定离合器，按图3-35所示方向转动主动齿轮以确保自由转动，并确保相反方向主动齿轮锁止。如果不能锁止，则更换离合器总成。

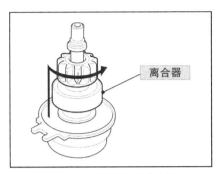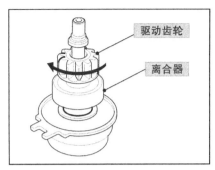

图3-34　沿轴滑动离合器　　　　　　　图3-35　固定离合器

③ **步骤3**

如果起动机驱动齿轮磨损或损坏，则更换离合器总成；齿轮不能单独更换。检查变矩器齿圈情况。如果起动机驱动齿轮轮齿损坏，则将其更换。

（4）电刷检查

步骤

使用卡尺测量电刷的长度，如图3-36所示。若比使用极限小，则更换电刷架总成。
电刷长度规格如下。
标准（新）：15.0～16.0mm
使用极限：9.0mm

（5）电刷架测试

步骤

检查（+）电刷和（-）电刷之间是否导通，如图3-37所示。若导通，则更换电刷架总成。

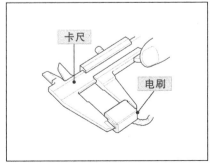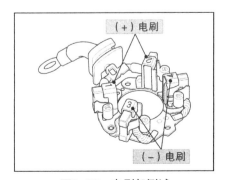

图3-36　检查电刷　　　　　　　图3-37　电刷架测试

（6）电刷弹簧检查

步骤

将电刷插入电刷架内，且使电刷与换向器接触，然后把弹簧秤放在弹簧上。当弹簧提起电刷时测量弹簧拉力，如图3-38所示。如果不在标准范围内，则更换电刷架总成。

弹簧拉力标准（新）：22.3～27.3N。

（7）行星齿轮检查

检查行星齿轮和内齿圈，如图3-39所示。若磨损或损坏，将其更换。

（8）起动机重新组装

① 步骤1

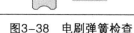

图3-38　电刷弹簧检查

用螺丝刀撬起每个电刷弹簧后，将电刷置于电刷架外的中间位置。松开弹簧使其保持在此处，如图3-40所示。

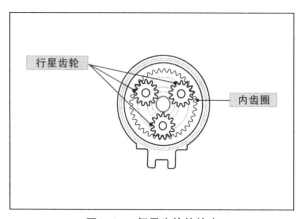

图3-39　行星齿轮的检查

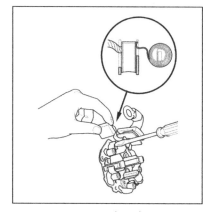

图3-40　安装电刷

注意：要固定住新电刷。在换向器与每个电刷之间滑入一条#500或者#600砂纸，砂面朝上，然后平稳地转动电枢。电刷的接触面将被打磨成与换向器相同的轮廓。

② 步骤2

通过将槽点对准凸出部位，安装电枢壳体和电枢，如图3-41所示。

③ 步骤3

安装电刷架总成。然后，再次撬动每个电刷弹簧，并将每个电刷推下直至固定在换向器上，然后松开电刷端的弹簧，如图3-42所示。

④ 步骤4

安装端盖以固定电刷架，如图3-43所示。

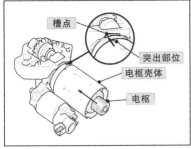
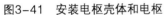

图3-41 安装电枢壳体和电枢

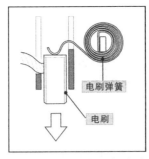

图3-42 安装电刷架总成

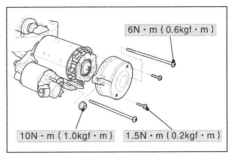

图3-43 安装端盖

⑤ **步骤5**

安装起动机。

3. 起动系统常见故障诊断

起动系统常见故障诊断见表3-2所示。

表3-2 起动系统的常见故障诊断表

故障	现象	诊断步骤与方法
起动机转动无力	●起动机转动缓慢无力，带动发动机困难 ●接通起动开关后，起动机只有"咔嗒"一声并不转动	●检查蓄电池容量和电源导线的连接情况 ●在确认蓄电池容量足够、线路连接良好的情况下，用金属条短接起动机电磁开关的两个主接线柱，如果短接后起动有力了，说明起动机电磁开关内主触点和接触盘接触不良；如果短接后起动仍然无力，则可认为电动机有故障，或其搭铁不良，须进一步拆检 ●在接通起动开关后，起动机有连续的"咔嗒"声。如果短接起动机电磁开关的两个主接线柱，起动机转动正常，说明电磁开关保持线圈断路或短路
起动机空转	接通起动开关，起动机只是空转，不能带动发动机运转	●起动机空转时，有较轻的摩擦声音，起动机驱动齿轮不能与飞轮轮齿啮合而产生空转，即驱动齿轮还没有啮合到飞轮轮齿中，电磁开关就提前接通，说明主回路的接触盘行程过短，应拆下起动机，进行起动机接通时刻的调整；或飞轮上的齿圈在飞轮上滑转 ●起动机空转时，有严重的碰擦轮齿的声音：说明飞轮轮齿或起动机驱动齿轮严重磨损，应拆下起动机进一步检查，根据实际情况更换驱动齿轮或飞轮轮齿 ●起动机空转时，速度较快但无碰齿声音：说明起动机单向离合器打滑，即驱动齿轮已经啮入飞轮齿中，但不能带动飞轮旋转，只是起动机电枢轴在空转，应更换单向离合器总成
起动机有异响	主要原因可能是单向离合器打滑，或者是飞轮齿圈有部分齿损坏	一般可根据声音判断，声音"轻、尖且连续"的是单向离合器打滑，应更换单向离合器；声音"沉重、间断"的是飞轮齿圈损坏。也可重新转动曲轴或将车挂上挡，前后移动一下汽车，使起动机的驱动齿轮与发动机的飞轮齿圈重新啮合。如果能起动发动机，说明飞轮齿圈的齿轮啮合面部分损伤，飞轮齿圈损伤轻微的可将飞轮齿圈翻转过来，重新使用，飞轮齿圈损伤严重的应更换飞轮齿圈
起动机不转	接通起动开关，起动机不转	●检查蓄电池的状况和电源导线连接情况 ●按扬声器或开前照灯，若扬声器响声变小或前照灯灯光暗淡，说明蓄电池容量过低或电源导线接触不良 ●蓄电池良好，应对蓄电池的正极线、搭铁线及各接线柱和总电源开关进行检查，若有脏污或松脱，应清洁或紧固 ●用金属条短接起动机电磁开关上的两个主接线柱 若起动机不转且无火花，说明电动机有故障，应解体检修；若起动机运转，说明电动机正常 ●用导线连接电磁开关上的蓄电池主接线柱和起动机接线柱（即吸引及保持线圈流入端） 若起动机不工作，说明电磁开关有故障，应进一步检查电磁开关 若起动机工作，说明起动机电磁开关良好 通过上述检查，可以认定起动机无故障。故障应出在控制电路中 ●用导线短接起动继电器的点火开关与电池接线柱 若起动机工作，说明点火开关及其连线有故障 若起动机不工作，说明继电器及其连线有故障 电路的故障可用试电笔或试灯沿起动控制电路逐点查找，直至找到故障部位

项目四　点火系统

[任务一　传统点火系统]

◆ 一、任务分析

在汽油发动机中，汽缸内可燃混合气体是由高压电火花点燃的，该高压电火花是由点火系统产生的。点火系统的功能是在最适当的时间，在汽缸内产生电火花，点燃汽缸内的可燃混合气体。点火系统应在汽油机各种工况和使用条件下保证可靠而准确地点火，必须满足以下四个基本要求：

① 能产生足以击穿火花塞电极间隙的电压；

② 火花应具有足够的能量；

③ 根据发动机的工况（转速、负荷）变化准确控制点火时刻；

④ 根据发火顺序将火花分配到各个汽缸。

随电子技术的不断发展，电子技术也被应用到点火系统中。到目前位置，点火系统经历了三个阶段，每个阶段都采用不同的点火系统，分别是传统点火系统、电子点火系统和微机控制点火系统。

◆ 二、相关知识

1. 传统点火系统的结构

传统点火系统主要由点火线圈、分电器、火花塞以及高压线等组成，如图4-1所示。

点火系统被分成初级电路和次级电路。

（1）初级电路

初级电路中传导的是低压。其回路中的电流信号走向：**蓄电池→点火开关→附加电阻→点火线圈初级绕组→分电器→搭铁**。

注意：

当发动机起动以后，附加电阻中将无电流流过。

（2）次级电路

次级电路是高压电路，并产生火花，其电路中的电流信号走向：**点火线圈次级绕组→分电器→火花塞→搭铁**。

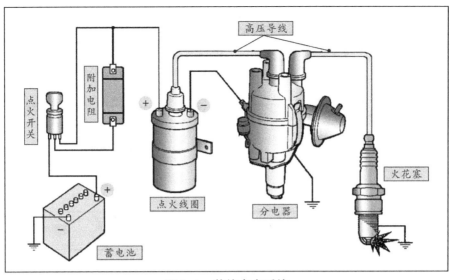

图4-1　传统点火系统

2.传统点火系统的组成元件

（1）点火线圈

对于一台内燃机，汽油（或者液化石油气）与空气一起被吸入汽缸内，并在燃烧室内被压缩。然后产生的高能量火花点燃混合物。然而蓄电池是不能够提供足够的能量来点燃的，所以就需要一个变压器（即线圈）把电瓶或者交流发电机的有限的电压增加到一个高电压。

点火线圈带有一个金属外壳，这个金属外壳是由一个金属平板围成的，用来减少漏磁。次级绕组直接缠绕在层状铁芯上，并且连接在经过铁芯的点火线圈绝缘盖的中央接线柱上。因为铁芯将承受高压所以必须绝缘，并且其绝缘是由在铁芯顶部绝缘盖和铁芯底部置入的附加绝缘体来实现的。初级绕组置于次级绕组外侧附近。绝缘的点火线圈盖一侧装有与电源断电器连接的接线柱，在另一侧装有与高压端连接的接线柱。点火线圈的两个绕组都是绝缘的，并且用沥青机械地固定。点火线圈构造如图4-2所示。

传统点火系统的点火线圈按铁芯的磁路来分，可分为开磁路式点火线圈和闭磁路式点火线圈，如图4-3所示；按接线柱的个数来分，可分为两接线柱式点火线圈和三接线柱式点火线圈，如图4-4所示。

工作原理：

若两个线圈面对面放置，并且流过初级线圈的电流是变化的，那么，在次级线圈上将会产生电动势（电压）。这个现象被称为互感，如图4-5所示。

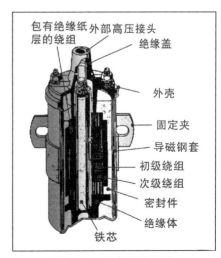

图4-2　点火线圈构造

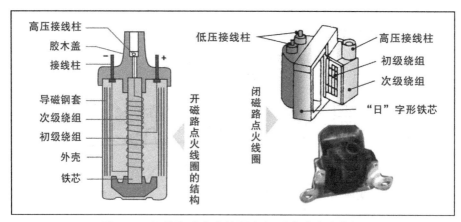

图4-3 开磁路式点火线圈和闭磁路式点火线圈

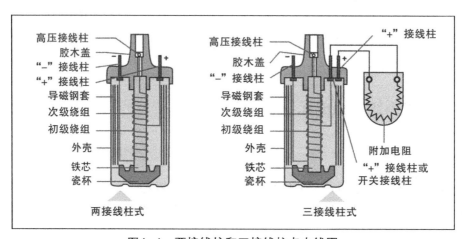

图4-4 两接线柱和三接线柱点火线圈

初级绕组和次级绕组的匝数比与电压增量成反比。次级绕组这一侧的电压等于次级绕组和初级绕组匝数比乘以自感电动势，数学公式如下：

$$U_{初} = \frac{n_{初}}{n_{次}} \cdot U_{次}$$

例如，某一点火线圈，初级绕组为150匝，次级绕组为15000匝，初级绕组这一侧的自感电动势为400V，求次级绕组的自感电动势是多少。

解：

由公式　$U_{初} = \dfrac{n_{初}}{n_{次}} \cdot U_{次}$

$U_{次} = \dfrac{n_{次}}{n_{初}} \cdot U_{初}$

得　　$= \dfrac{15000}{150} \cdot 400V$

$= 40000V$

由上述公式可知，可以通过以下三种方式来提高次级线圈的电压：

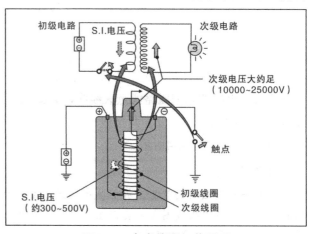

图4-5 点火线圈工作原理

①加大流过初级线圈的电流；

②增加线圈绕组数；

③加速电流的变化。

在实际的点火线圈中，初级电路的触点由分开到闭合的这一过程中是不能产生次级电压的，但是触点从闭合到分开的这个过程却可以产生次级电压，这是因为后一过程中产生了很大的自感电动势。

（2）附加电阻

起动发动机时，线圈的输入电压会降低，这是由起动机电动机负载引起的。我们可以使用一种安装在陶瓷外壳里的特殊的导线电阻（附加电阻），从而把电流控制到发动机工作时的最佳平均值，并且在起动过程中，让电流从支路流过。

（3）分电器总成

分电器总成主要有以下三个作用：

①按正确顺序将次级线圈的高压分配到各缸的火花塞上；

②在适当时间断开点火线圈初级电流；

③根据发动机工况负荷转速等控制点火正时。

分电器总成由配电器、接触式断电器和提前装置等组成，如图4-6所示。

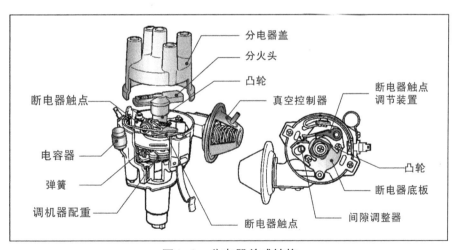

图4-6　分电器总成结构

①分电器

分电器承受点火线圈的高压，并通过分火头分配给每个火花塞。

分电器主要由分电器盖和分火头组成。一个安装在中央的石墨电刷将线圈的高压送到旋转的转子上，转子依次把高压直接加到每个火花塞上。触点间隙就是这两个触点之间的距离。

②接触式断电器

随着凸轮旋转，断电器活动触点臂升起来初级电路断开，同时，产生次级电路的高压。接触式断电器主要由凸轮、断电器底板、断电器触点、触点臂等组成。凸轮的凸角数和发动机的汽缸数相等。也就是说，四缸发动机就有四个凸轮角，六缸就有六个凸轮角。

触点由抗电腐蚀的钨制成，电腐蚀是由线圈中的电流引起的。凸轮转动并推开触点，断开初级电路并使产生高压电的线圈磁场衰减。断电器旋转速度为曲轴的一半。

③ 点火提前装置

发动机性能随燃气混合比、进气量、燃气压力，以及燃烧状态的不同而变化很大。点火提前装置目的就是选择合适的点火正时，从而得到最大的燃烧室压力。

● 机械式（离心式）点火提前装置

分电器凸轮独立安装在中间轴上，并且可以按设定的角度自由旋转，如图4-7所示。两个调节器配重可以围绕分电器凸轮和轴之间的轴线旋转，但它们由一套校定的弹簧使得它们回位。当发动机转速提高时，配重的离心力克服弹簧拉力，带动分电器凸轮朝同一个方向旋转。这时点火正时就被提前。

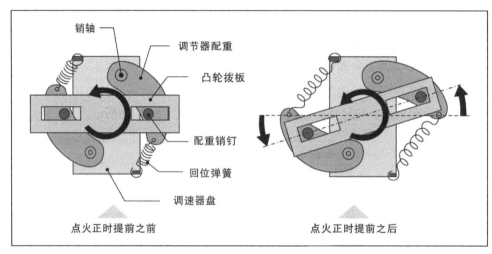

图4-7　机械式（离心式）点火提前装置

每一个发动机都有它独特的燃烧特性，不同的扭矩曲线要求不同的机械式点火提前装置特性曲线，如图4-8所示。这些不同的特性曲线是可以通过改变弹簧和配重来获得的。发动机高速运转时，由于汽缸盖的设计改进了燃烧速度，所以就不需要额外的点火提前了。

● 真空点火提前装置

真空式调节器的作用是在发动机负荷增大时，自动减小点火提前角。

发动机负荷小时，节气门开度也小，节气门下方及管道的真空度增大，真空吸力吸引膜片向右弯曲，通过拉杆拉动活动板（信号发生器的信号线圈位于活动板上）逆着分电器轴旋转的方向相对转子转动一个角度，实现提前点火，即点火提前角增大；反之，当负荷增大时，点火提前角减小。其工作原理如图4-9所示。

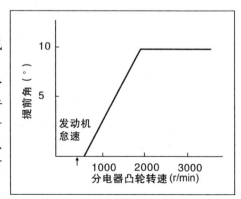

图4-8　机械式点火提前装置特征曲线

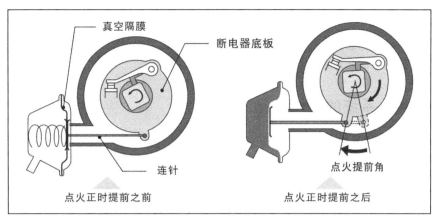

图4-9 真空点火提前装置工作原理

（4）火花塞

① 构造

火花塞的构造如图4-10所示。中心电极用镍铬合金制成，具有良好的耐高温、耐腐蚀性能，中心电极做成两段，中间加有导电玻璃，由于导电玻璃和瓷绝缘体的膨胀系数相近，因此，导电玻璃主要起密封作用。火花塞间隙多为1.0～1.2mm。

② 热特性

火花塞的热特性主要决定于绝缘体裙部的长度。裙部短的火花塞，吸热面积小，传热距离短，散热容易，裙部温度低，称为冷型火花塞；反之，绝缘体裙部长的火花塞，其受热面积大，传热距离长，散热困难，裙部温度高，称为热型火花塞。冷型火花塞用于高压缩比、高转速、大功率的发动机中；热型火花塞用于低压缩比、低转速、小功率的发动机中，火花塞的结构如图4-10所示。火花塞的热特性如图4-11所示。

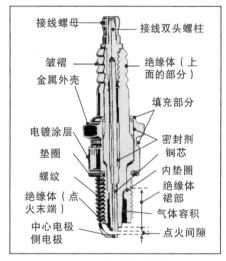

图4-10 火花塞的构造

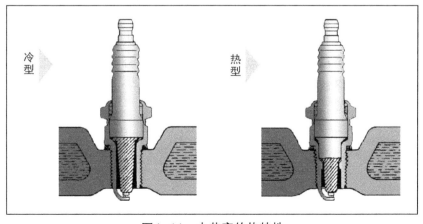

图4-11 火花塞的热特性

③ 火花塞使用注意事项

●所有汽缸中的火花塞热范围应该相同。

●火花塞应该有一个满足发动机不同工况要求的热范围。

3．传统点火系统的工作原理

传统点火系统的工作原理如图4-12所示。

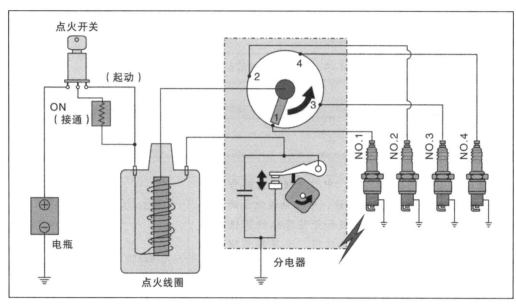

图4-12　点火系统的工作原理

发动机工作时，断电器凸轮在发动机凸轮轴的驱动下旋转，凸轮旋转时使断电器触点交替地闭合和打开。在点火开关SW接通的情况下，当触点闭合时，点火线圈初级绕组中有电流流过。流过初级绕组的电流称为初级电流i_1，其电路称为初级电路或低压电路。初级电路中电流的路径为：**蓄电池正极→点火开关→点火线圈初级绕组→断电器触点→搭铁**。

初级电流在点火线圈的铁芯中形成磁场，电能转变为磁能。

当断电器凸轮将触点打开时，初级电路被切断，初级电流消失，它所形成的磁场也随之迅速变化，在两个绕组中都感应出电动势，磁能转变为电能。由于点火线圈次级绕组的匝数多，因而在次级绕组内就感应出15～20kV的电动势，它足以击穿火花塞的电极间隙，产生电火花点燃混合气。次级电路中电流i的路径为：**点火线圈初级绕组→分电器盖→火花塞→搭铁**。

分电器轴每转一圈，各缸按点火顺序轮流点火一次。

任务二 电子点火系统

一、任务分析

在传统的断电器触点式点火系统中，应该定期检修和更换断电器触点组件，因为断电器触点受到电弧或者点火正时改变而发生损坏，点火正时发生改变是由于凸轮磨损引起的。

电子点火系统已经取代了传统点火系统，这是因为电子点火系统不需要太多维修和更换。而且，还可以提供更高的能量，使得发动机在起动或者高速运转过程中获得稳定的输出。

二、相关知识

1. 电子点火系统

（1）电子点火系统的结构

电子点火系统主要由点火电子组件、分电器，以及位于分电器内的点火信号发生器、点火线圈、火花塞等组成，如图4-13所示。

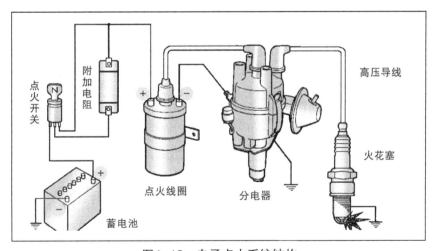

图4-13 电子点火系统结构

点火电子组件也称电子点火器（简称点火器），它是一个电子开关电路，可根据点火信号发生器的点火脉冲信号，接通和断开点火线圈的初级电路。点火信号发生器装在分电器内，它可根据各缸的点火时刻产生相应的点火脉冲信号，控制点火器接通和断开点火线圈初级电路的具体时刻。

（2）电子点火系统的类型

电子点火系统的类型如下：

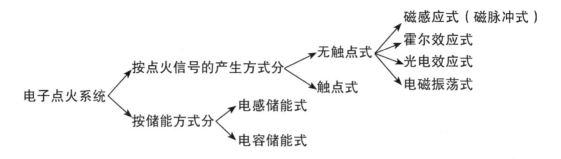

2. 霍尔式电子点火系统

在霍尔式电子点火系统中，分电器采用的是霍尔式点火信号发生器的分电器。

（1）霍尔效应原理

霍尔效应的原理如图4-14所示，当电流通过放在磁场中的半导体基片（即霍尔元件），且电流方向与磁场方向垂直时，在同时垂直于电流与磁场的方向上，半导体基片内产生一个与电流大小和磁感应强度成正比的电压（霍尔电压 U_H）。

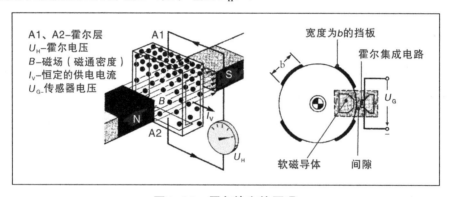

图4-14　霍尔效应的原理

（2）霍尔信号发生器

霍尔信号发生器主要由触发叶轮和信号触发开关组成，如图4-15所示。它位于分电器内，触发叶轮与分火头制成一体，由分电器轴带动，叶片数与汽缸数相同。信号触发开关由霍尔集成电路和带导磁板的永久磁铁组成。霍尔集成电路的外层为霍尔元件，同一基板的其他部分制成放大电路。

触发叶轮由分电器轴带着在霍尔集成电路和永久磁铁之间转动，当转到触发叶轮无缺口处对着装有霍尔集成块的地方时（叶片在气隙内），通过霍尔集成块的磁路被触发叶轮短路，此时霍尔集成块中没有磁场通过，不会产生霍尔电压。

当触发叶轮转到其缺口对着装有霍尔集成块的地方时（即叶片不在气隙内），永久磁铁所产生的磁场，在导板的引导下，垂直穿过通电的霍尔集成块，于是在霍尔集成块的横向侧面产生一个霍尔电压，该霍尔电压信号经过放大、脉冲整形后，最后以整齐的矩形脉冲（方波）信号输出。

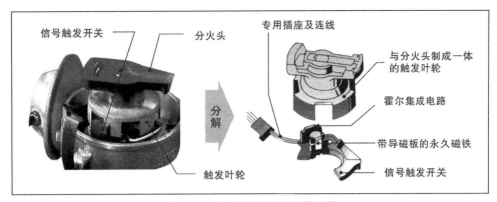

图4-15　霍尔信号发生器的结构

（3）霍尔式电子点火系统工作原理

图4-16所示电路图是上海大众桑塔纳2000上的霍尔效应式电子点火系统图。

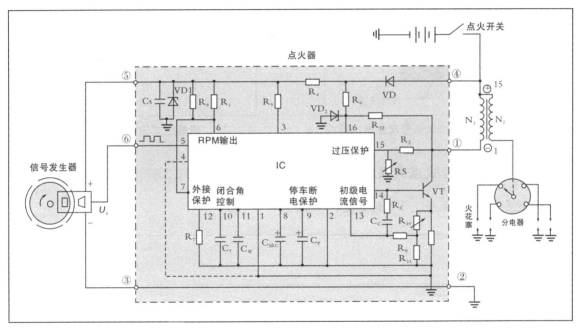

图4-16　霍尔效应式电子点火系统

打开点火开关，发动机运行时，分电器轴带动霍尔信号发生器的触发叶轮转动，当霍尔信号发生器输出信号U_g为高电位，这一信号通过点火器插座端子⑥和端子③进入点火器。这时，点火器通过内部电路，驱动点火器大功率晶体VT导通，接通初级电路。初级电路电流信号走向：**蓄电池（或发电机）正极→点火开关→点火线圈初级绕组N$_1$→点火控制器（VT）→搭铁。**

当霍尔信号发生器输出的电压为0.3～0.4V的低电压时，点火器大功率晶体VT立即截止，切断点火线圈初级电路，次级绕组（N$_2$）产生高压电，高压电由分电器分配到各缸火花塞，点燃混合气。次级电路电信号的走向：**点火线圈初级绕组N$_1$→分电器→火花塞→搭铁。**

3. 电磁式电子点火系统

电磁感应式电子点火系统主要由磁感应式信号发生器、点火控制器、分电器、火花塞、点火线圈等组成。

（1）电磁感应式信号发生器

磁感应式点火信号发生器由转子、传感线圈、永久磁铁等组成，如图4-17所示。

信号发生器安装在分电器内，永久磁铁和铁芯固定在分电器内，传感线圈绕在铁芯上。转子上有与发动机的汽缸数相同的凸齿，分电器轴带动转子，随着分电器的旋转，信号转子转动，它的凸起与信号线圈之间的间隙不断变化，磁路的磁阻随之改变，使通过线圈的磁通量发生变化，因而在线圈内感应出交变电动势，如图4-18所示。

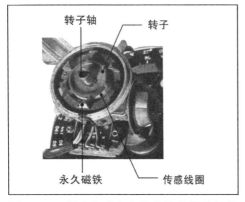

图4-17　磁感应式点火信号发生器的结构

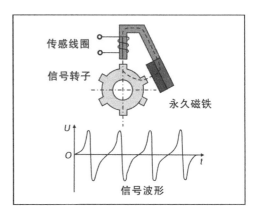

图4-18　磁感应式信号发生器工作原理图

（2）电磁感应式点火系统工作原理

电磁感应式点火系统工作原理如图4-19所示。

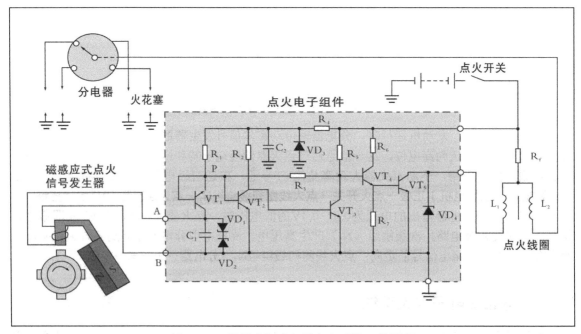

图4-19　电磁感应式电子点火系统工作原理

打开点火开关（"ON"位置），发动机未工作（信号发生器的转子不动）时，初级电路的电信号的走向：蓄电池（或发电机）正极→点火开关→R_4→R_1→VT_1→A点→信号线圈→B点→搭铁。这时，电路中P点的电位高于VT_2的导通电压，VT_2导通，VT_2导通后其集电极电位降低，使VT_3截止，VT_3截止后使VT_4导通，VT_4导通后，R_7上的压降给VT_5提供正向偏置电压，使VT_5导通。

当点火信号发生器产生正向脉冲时，VT_1的集电极加反向电压而使VT_1截止，P点的电位仍高于VT_2的导通电压，VT_2导通，VT_4导通，VT_5也导通。于是初级电路电信号的走向为：蓄电池（或发电机）正极→点火开关→电阻R_f→点火线圈初级绕组→VT_5→搭铁，点火线圈储能。

在点火信号发生器产生反向脉冲时，VT_1导通，P点的电位下降，使VT_2截止，VT_2截止时使VT_3导通，VT_4截止，VT_5截止。于是初级电路中无电流，次级线圈因为互感而产生高电压，经配电器按点火次序分配到各缸，点燃可燃混合气使发动机做功。每当信号发生器的转子转动一周，各个汽缸便轮流点火一次。

一个点火循环结束后，又重新开始同样的点火循环，如此反复下去。

4. 光电式电子点火系统

光电式点火信号发生器主要由发光二极管、光敏三极管和遮光盘三部分构成，如图4-20所示。

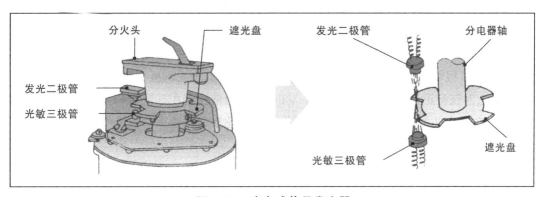

图4-20 光电式信号发生器

（1）发光二极管

当其有电流流过时，会发出红外线光束，并用一只半球形透镜聚焦。

（2）光敏三极管

它与发光二极管相对放置，并相隔一定距离，以使红外线光束聚焦后，照射到光敏三极管上。当有光线照射时，光敏三极管导通；当无光线照射时，光敏三极管截止。

（3）遮光盘

安装在分电器轴上，位于分火头下面。遮光盘上的窗口数与汽缸数相等，遮光盘随分电器轴旋转时，当遮光盘的叶片转至发光二极管与光敏三极管之间时，遮住了发光二极管发出的光线，光敏三极管因感受不到光线而截止；当遮光盘上的窗口通过发光二极管与光敏三极管之间时，发光二极管所发出的光束直接照到光敏三极管上，光敏三极管导通。

光电式电子点火系统工作原理如图4-21所示。

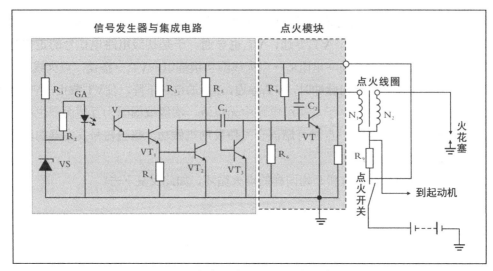

图4-21　光电式电子点火系统工作原理

打开点火开关后，转子随分电器轴转动，遮光盘也跟着转动。当光敏三极管V被光照导通时，三极管VT_1导通。VT_1导通后为VT_2提供正向偏压，导通。VT_2导通后，VT_3的基极电位下降，截止。功率三极管VT获得正向偏压而导通，使点火线圈初级绕组电路导通；当遮光盘的叶片遮住发光二极管的光束时，光敏三极管转为截止，VT_1失去基极电流由导通变为截止，VT_2也截止，VT_3因获得正偏由截止转为导通。VT失去正向偏压则由导通转为截止，点火线圈初级绕组断电，在点火线圈次级绕组产生高压，供电给火花塞使其跳火，点燃汽缸中的可燃混合气体。

[任务三 微机控制点火系统]

一、任务分析

采用微机控制点火系统，是考虑到了多种因素对点火提前角的影响。微机控制点火系统由微机选择、计算和控制点火提前角（点火正时），从而保证了发动机在任何工况和使用条件下都能最佳时刻点火，有效地提高了发动机的动力性和经济性，大大降低了排放污染。

二、相关知识

1. 电子点火系统

不同厂家、不同车型及不同生产时间的微机控制点火系统的组成在结构和设计上存在一定的差异，但基本上都由传感器、电控单元、点火控制器、点火线圈和火花塞等组成，如图4-22所示。

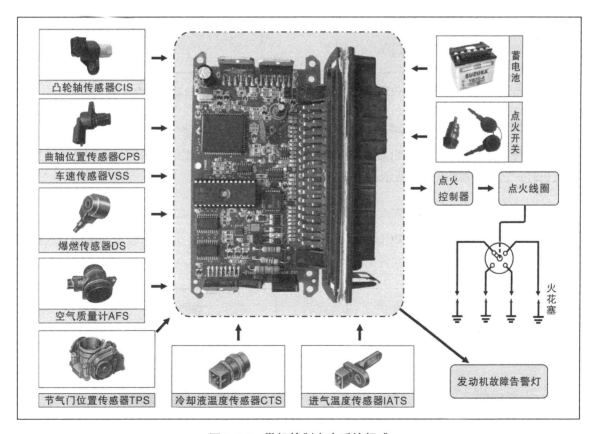

图4-22 微机控制点火系统组成

（1）传感器

①凸轮轴位置传感器

凸轮轴位置传感器（图4-23）所输出的信号是确定点火时间的基本信号。凸轮轴位置传感器在曲轴旋转至某一特定位置时，向ECU发送一个脉冲信号，ECU以此信号作为计算曲轴位置的基本信号，再结合曲轴的角度信号算出曲轴在任意时刻的所处位置。

②曲轴位置传感器

曲轴位置传感器所输出的信号是确定点火时间的基本信号。曲轴位置传感器是将曲轴旋转的角度转换为ECU可以识别的电信号，该信号传输到ECU，曲轴每转过一定的角度都会发出一个脉冲信号，曲轴每转一周的脉冲数都是不变的，因此，ECU通过不断检测脉冲的数量计算出曲轴转过的角度。另外，ECU也根据单位时间内接收到的曲轴位置传感器输出脉冲数量来计算发动机的转速，如图4-24所示。

图4-23　凸轮轴位置传感器

图4-24　曲轴位置传感器

③爆燃传感器

爆燃传感器用来检测发动机是否发生爆燃，若发动机发生爆燃，控制单元ECU将自动修正点火正时。它的实物如图4-25所示。

④空气流量传感器

空气流量传感器信号输入ECU，除了用于计算基本喷油量外，还用来确定基本的点火提前角，其实物如图4-26所示。

图4-25　燃燃传感器

图4-26　空气流量传感器

⑤节气门位置传感器

节气门位置传感器（图4-27）用来检测发动机节气门的位置，以电压信号的形式输入ECU中，ECU根据该信号来判定节气门所处的位置及发动机的工况，修正点火正时。

⑥进气温度传感器

发动机进气质量的大小与进气压力和进气温度有关：相同体积的空气，温度低时空气密度大，质量就大；反之，温度高时空气的密度小，质量小。

不同类型的发动机中进气温度传感器的安装位置有所差别：在L型EFI中，一般安装在空气流量计内；在D型EFI中，一般安装在空气滤清器内或进气总管内（图4-28）。

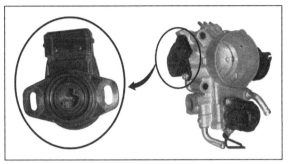

图4-27　节气门位置传感器

图4-28　进气温度传感器安装位置

进气温度传感器的核心部件是负温度系数的热敏电阻，也就是当温度升高时传感器的电阻明显减小，热敏电阻变化特征曲线如图4-29所示。它用来检测发动机的进气温度，将温度的变化转换为电信号输送给ECU，ECU根据该信号对喷油量和点火时刻进行修正。进气温度传感器结构见图4-30。

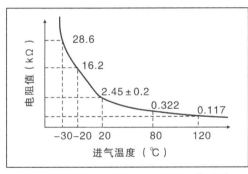

图4-29　进气温度传感器的工作特性

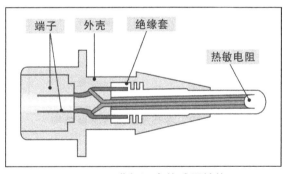

图4-30　进气温度传感器结构

⑦进气管压力传感器

在D形电控燃油喷射系统中，进气管压力传感器（图4-31）用来检测发动机的负荷，并将其转换为电信号输入ECU，ECU根据该信号确定点火提前角。这一信号是发动机的负荷信号。进气管压力传感器一般安装在进气歧管上。

⑧冷却液温度传感器

其实物及内部结构如图4-32所示。它安装在发动机水套上，用来检测发动机冷却液的温度，是修正点火正时的依据之一。

图4-31　进气管压力传感器

发动机冷却液温度传感器向ECU提供一个随冷却液温度变化的信号。它通常固定在冷却水管上，下端浸入发动机的冷却水中。它的特性及工作原理与进气温度传感器类似。

⑨开关

起动开关主要在发动机起动时修正点火提前角；空调开关信号在怠速工况下使用空调时修正点火提前角；在装有自动变速器的车辆上，ECU根据空挡安全开关信号判断发动机是处于怠速工况还是行驶工况，从而对点火提前角进行必要的修正。

（2）控制器

①计算机控制单元（ECU）

电子控制器（ECU）既是燃油喷射控制系统的控制核心，也是点火控制系统的控制核心，在点火系统工作时，接受各种传感器送来的信号，运算、处理后，给点火器输出最佳点火提前角和点火初级电路导通时间的控制信号。其内部结构如图4-33所示。

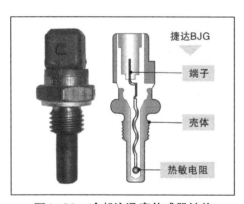

图4-32　冷却液温度传感器结构

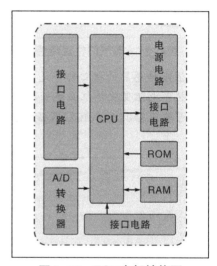

图4-33　ECU内部结构图

在ECU的只读存储器（ROM）中，存储有由台架试验测定的该型发动机在各种工况下的最佳点火提前角。随机存储器（RAM）用来存储微机工作时暂时需要存储的数据，如输入/输出数据、单片机运算得出的结果、故障代码等，这些数据根据需要可随时调用或被新的数据改写。CPU不断接收上述各种传感器发送的信号，并按预先编制的程序进行计算和判断后，向点火控制器发出最佳点火提前角和点火线圈初级电路导通时间的控制信号。

②点火控制器

点火器是ECU控制点火系统的功率输出端，它将ECU的点火控制信号进行放大并驱动点火线圈。点火器的电路、功能与结构在不同的车型上有所差异，有的与ECU制作在同一电路板上，有的与点火线圈做成一体，还有的单独为一个整体。

（3）点火执行器

①点火线圈

点火线圈的实质是一个变压器。点火线圈可将火花塞跳火所需的能量存储在线圈的磁场中，并将电源提供的低压电转变为足以在电极间产生击穿点火的15～20kV高压电。在有分电器的电控点火系统中，只有一个点火线圈，而无分电器点火系统中则有多个点火线圈，如图4-34所示。

②分电器

在有分电器的电控点火系统中，分电器（图4-35）根据发动机的点火顺序，将点火线圈产生的高压电按照点火顺序输送给各缸火花塞。

无分电器点火系统的点火线圈

有分电器点火系统的点火线圈

图4-34 点火线圈

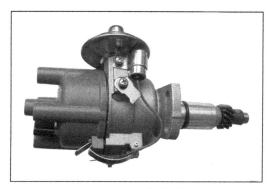

图4-35 分电器

③火花塞

火花塞的作用是利用点火线圈产生的高电压产生电火花，点燃汽缸内的混合气。

2. 微机控制点火系统的类型及其工作原理

微机控制点火系统一般可分为有分电器的微机控制点火系统和无分电器微机控制点火系统两种，如图4-36所示。

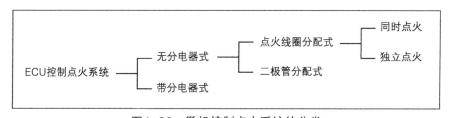

图4-36 微机控制点火系统的分类

（1）带分电器的微机控制点火系统

带分电器的微机控制点火系统的构成如图4-37所示。典型的带分电器的点火系统控制原理如图4-38所示。

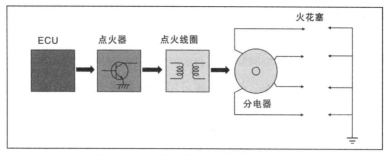

图4-37　带分电器ECU控制点火系统

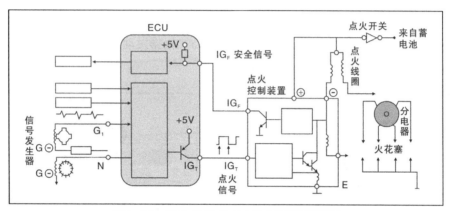

图4-38　带分电器式点火控制系统原理图

控制单元根据相关传感器的输入信号，确定点火时刻，并将点火正时信号IG_T送至点火器，当IG_T信号变为低电平时，点火线圈初级线圈电流被切断，二次线圈中感应出高压电，再由分电器送至相应缸火花塞点火。为了产生稳定的二次线圈感应电压和保证系统的可靠工作，在点火控制器中设有闭合角控制回路和点火确认信号（IG_F）安全保护电路。

（2）无分电器的微机控制点火系统

无分电器微机控制点火系统又称直接点火系统。无分电器电控点火系统用电子控制装置取代了分电器，利用电子分火控制技术将点火线圈产生的高压电直接送给火花塞进行点火。

无分电器微机控制点火系统的高压配电方式有单独点火式、同时点火式两种。其中同时点火又可分为点火线圈分配点火和二极管分配点火。

①单独点火方式

单独点火是一个缸的火花塞配一个点火线圈（图4-39），单独向各缸供高压电点火，如图4-40所示。点火线圈直接安装在火花塞顶上，这种结构的优点是避免了分电器、高压线及高压线所带来的缺陷。各点火线圈的初级绕组分别由点火控制器中的一个大功率晶体管控制，整个点火系统的工作由ECU控制。单独点火的点火控制器需要判别点火汽缸后由大功率管控制初级电路的通断。

②同时点火方式

●点火线圈分配点火系统

点火线圈分配点火系统是利用一个点火线圈同时对活塞接近压缩上止点和排气上止点的两

个汽缸进行点火，如图4-41所示。其中，活塞接近压缩上止点的汽缸火花塞产生的电火花点燃混合气体，而活塞接近排气上止点的汽缸火花塞产生的电火花无效。处于压缩行程的汽缸，由于缸内压力很高，气体密度很大，要使该缸火花塞跳火，必须有足够的能量。处于排气行程的汽缸由于缸内气体压力很低，并且这时混合气处于后燃末期，气体中有导电离子存在，该缸内的火花塞很容易跳火，能量损失很少。因此，对于同时点火方式，实际加在压缩行程汽缸火花塞的点火电压要远高于排气行程汽缸火花塞上的点火电压，从而保证了压缩行程汽缸火花塞的正常跳火。

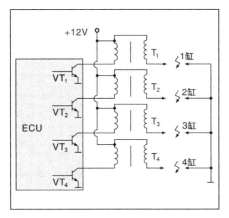  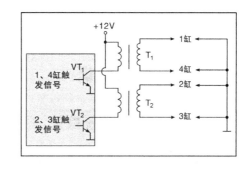

图4-39　单独点火无分电器原理　　图4-40　点火线圈　　图4-41　点火线圈分配同时点火系统原理图

● 二极管分配点火

二极管分配是利用二极管的单向导通特性，对点火线圈产生的高压电进行分配的同时点火方式，如图4-42所示。二极管分配点火系统的点火线圈有两个初级绕组和一个次级绕组，次级绕组通过4个高压二极管、火花塞和汽缸盖构成回路。两个初级绕组通电时的电流方向相反，在次级绕组中所产生的高压电动势方向也相反。当VT_1截止时，初级绕组断电，次级绕组产生很高的电动势，方向可以使1、4缸的二极管导通，使火花塞跳火，而2、3缸的二极管截止，火花塞不跳火；当VT_2截止时，初级绕组B断电，次级绕组中产生很高的电动势，其方向可以使2、3缸的二极管导通使火花塞放电，1、4缸的二极管截止，其火花塞不点火。

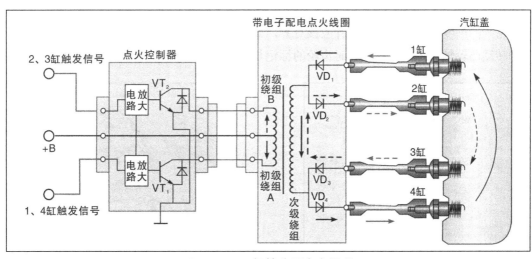

图4-42　二极管分配点火原理

任务四　点火系统检修

一、任务分析

点火系统工作正常是发动机正常起动的重要指标之一，点火系统检修包括点火正时确定，老款车辆的分电器（目前已经淘汰）、点火线圈、点火控制器、火花等的检测方法。学习并掌握这些检测方法是排除点火系统故障的基础。

二、相关知识

1. 电子点火系统检修注意事项

①拆、接点火系的导线时，应先断开点火开关。

②若点火系有故障或怀疑有故障，而又必须拖动汽车时，应先拆点火控制器的插接器。

③为防止无线电干扰，应使用1kΩ电阻的高压导线、1～5kΩ电阻的火花塞插头和1kΩ电阻的分火头。

④使用带快速充电设备的起动辅助装置起动时，电压不得超过16.5V，使用时间不超过1min。

2. 电子点火系统正时确定

当发动机大修（或分电器重新安装）时，必须确定点火系统的点火正时。这里以桑塔纳轿车为例来说明确定点火正时的方法。

①转动曲轴，将发动机第一缸活塞置于压缩行程上止点位置。观察离合器壳体上的观察孔，飞轮上的刻度线与壳体上的指针应该对齐，如图4-43所示。

②转动凸轮轴，使凸轮轴上正时齿轮的标记与气门室罩底面平齐，如图4-44所示。

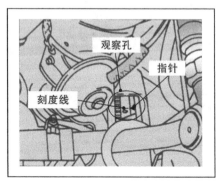

图4-43　第一缸上止点正时记号

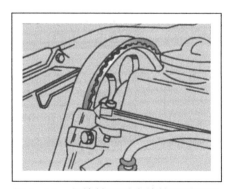

图4-44　凸轮轴正时齿轮的正时记号

③使机油泵驱动轴端的扁形缺口与曲轴方向平行，如图4-45所示。

④使分电器上的分火头指向分电器壳体上的第一缸标记，如图4-46所示；然后将分电器总成插入安装孔，使其轴端凹槽与机油泵轴端的矩形凸起相配，将分电器壳体逆时针转动3°（桑塔纳车的初始点火提前角为曲轴转角，其值为6°），然后用压紧板固定分电器。

图4-45　机油泵轴端凸起的矩形块方向

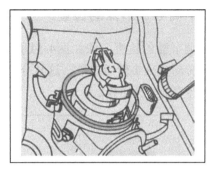

图4-46　分电器壳体上的第一缸标记

⑤盖上分电器盖，以分火头所指的旁电极为第一缸，顺时针方向按1→3→4→2插好分缸线，并把中央高压线与点火线圈、霍尔信号发生器与点火控制器等元件连接好。

⑥装好正时带，起动发动机，检查点火正时。检查前先将分电器真空软管断开，并在点火测试仪上设定发动机的转速为（850±50）r/min，如图4-47所示。在发动机冷却液温度正常、转速为（850±50）r/min时，检测点火提前角应为6°。如不符合要求，松开压紧板螺钉，可转动分电器外壳，进行调整，调整好后，紧固压紧板螺钉，固定好分电器，安装好分电器真空管。

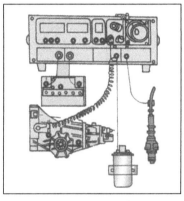

图4-47　点火正时测试仪接线图

3．分电器的检查

（1）分火头的检查

用高压线按图4-48所示的方法进行绝缘检查，如果有跳火，说明分火头绝缘不良，应予以更换。

按图4-49所示的方法测量分火头的电阻（分火头中央导电片与尖端电极之间设有一个电阻，阻值为1±0.41kΩ），如果不符合要求，应更换分火头。

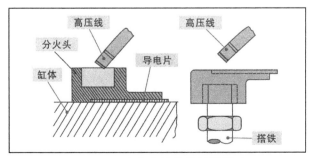

图4-48　分火头的绝缘性能检查

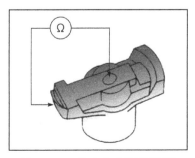

图4-49　分火头电阻的检测

（2）真空调节器的检查

用嘴吸吮真空调节器上真空管的插头时，调节器的拉杆应能移动，如图4-50所示。否则，说明调节器已失效，应更换。

（3）离心调节器的检查

离心调节器的检查方法如图4-51所示，一手握住分电器轴，另一手先按分火头的正常转向，向前转动分火头然后放松，这时分火头应能迅速复位。若分火头不能迅速复位，说明离心调节器已经失效，须更换。

图4-50　真空调节器的检查

图4-51　离心调节器的检查

4. 信号发生器的检查

（1）磁感应式

信号发生器的检查步骤如下。

①检查、调整信号转子凸齿与线圈铁芯之间的间隙值，可用塞尺规进行测量，如图4-52所示。间隙的标准值一般为0.2～0.4mm。

②如果不符合，则松开铁芯总成的两个固定螺钉A、B，并以A为支点，稍微移动B，加以调整，直到符合规定的标准值为止，如图4-53所示。

③用万用表测量信号发生器线圈的电阻。若电阻不符合要求，说明信号发生器已经损坏，应更换分电器总成。

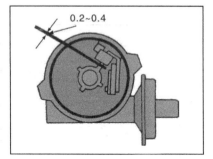

图4-52　测量信号转子凸齿与传感线圈铁芯之间的间隙示意图

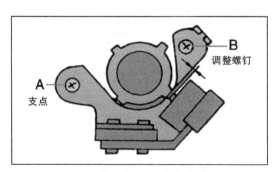

图4-53　信号转子凸齿与传感线圈铁芯间的间隙调整

（2）霍尔式

检测时，分别测"+"与"-"电压和"S"与"-"电压，然后与维修手册中的标准值比较，进而判断是否有故障。这里以桑塔纳轿车为例（图4-54）。

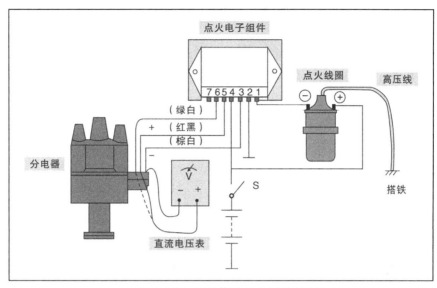

图4-54 霍尔信号发生器的检查

霍尔信号发生器位于分电器内，引出的三根导线分别为：霍尔信号发生器的"+"极，红/黑色，接点火控制器5号端子；霍尔信号发生器的输出信号端子"S"，绿/白色，接点火控制器6号端子；霍尔信号发生器的"-"极，棕/白色，接点火控制器3号端子。

①用万用表测量霍尔信号发生器的"+"与"-"之间的电压应为11～12V。

②测量"S"与"-"之间的电压，当转子缺口对正霍尔元件的气隙时，应为0.3～0.4V，反之应为11～12V。

（3）光电式信号发生器的检修

先检查其输入的电源是否正常。在输入电源正常的情况下，检查信号的输出电压。如果信号输出电压能在0～1V之间摆动（不同类型的信号发生器，输出的电压的幅度可能有所不同，参考具体车型的维修手册），说明信号发生器良好，否则信号发生器损坏。光电式信号发生器由于对灰尘比较敏感，所以在检查时要看看发光光源和受光器上是否有灰尘等污物覆盖。若有灰尘等污物，须用酒精擦洗干净后再进行上述检查。

5. 点火线圈的检修

点火线圈检查步骤如下。

①检查点火线圈外壳，看绝缘盖或外壳是否有破损。若有损坏，则应予更换。

②点火线圈绝缘情况试验，可用试验台上点火线圈输出的高压电进行跳火试验。绝缘不合格的，应予更换。

③用万用表测量点火线圈初级绕组和次级绕组以及附加电阻的阻值，若检测值不在标准值范围之内，则更换点火线圈总成。

④点火线圈发火强度试验，一般使用汽车电气试验台上的三针放电器测试，试验方法参考试验台说明书，通常要求分电器转速为1000r/min时，火花能跳过9mm的间隙，转速为1500r/min时，火花能跳过7mm的间隙，同时要求火花连续不间断。

6. 高压线的检修

为了减少无线电对外界的干扰，点火系统的高压线一般都有一定的阻尼电阻。检查时应用万用表检查其电阻，并与标准值比较，若符合要求，则说明高压线正常；若不在标准值范围之内，应更换高压线，如图4-55所示。

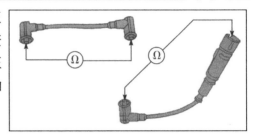

图4-55　点火高压线的检测

7. 点火控制器的检修

（1）检测电磁感应式电子点火系中的点火控制器

①干电池检查法

用一节1.5V的干电池代替信号发生器，接到点火控制器信号输入端子上，正接时，点火线圈的初级绕组导通，用万用表测量点火线圈的负极接线柱与搭铁之间的电压，为1～2V[图4-56（a）]；将电池的极性颠倒后，再进行测量，其值应为12V[图4-56（b）]。如果与标准不符，说明点火控制器有故障，应更换。

②跳火试验法

在确认除点火器以外的低压电路都是完好的情况下，可用跳火法来检查点火器的好坏。检查时，将分电器盖上的中央高压线拔下，使其端部距缸体5～10mm。打开点火开关后，磁感应式的信号发生器按图4-57的方法，用螺丝刀快速碰刮信号发生器的定子极爪，改变信号发生器线圈的磁通，让其产生信号脉冲，控制点火器的通断，产生点火电压。若每次碰刮都有高压火花，说明点火控制器正常，否则应更换点火控制器。

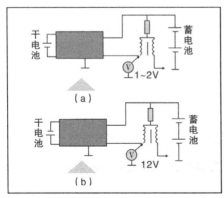

图4-56　点火控制器的检测

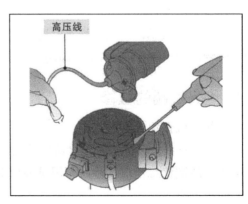

图4-57　点火系统的跳火试验

（2）检测霍尔式电子点火系统中的点火控制器

接通点火开关，用万用表测量点火控制器端子1与端子4之间的电阻，应为0.52～0.76Ω；测量点火控制器端子2与端子4之间的电压，应为12V；测量点火控制器端子3与端子5之间的电压，应为11～12V；在测量点火控制器端子3与端子6之间的电压时，慢慢转动分电器轴，其电压应在0.3～0.4V与11～12V之间变化。霍尔式电子点火系统中的点火控制器电路连接如图4-58所示。

用电压表接在点火线圈的正极与负极接线柱上，打开点火开关，观察电压表示数应大于2V，1～2s后，压降为0V。若上述检测结果不符合，说明有故障，应更换点火控制器。

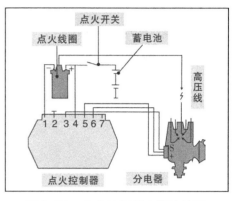

图4-58　点火控制器电路连接图

8. 火花塞的检修

（1）检查火花塞外观

着重检查以下几个地方，如图4-59所示。
①绝缘体是否有裂纹、破损，中心电极、侧电极是否烧损。如有损耗应更换。
②螺纹部分损坏超过2牙者，应更换。

（2）火花塞的清洗

从发动机上拆下的火花塞先用铜丝刷清洗或用专用清洁仪清洗，如图4-60所示。

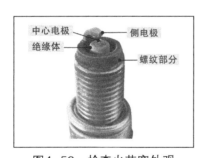

图4-59　检查火花塞外观

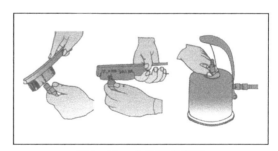

图4-60　火花塞的清洗

（3）火花塞电极间隙的检查与电极间隙的调整

①火花塞电极间隙的检查

首先用火花塞专用塞尺测量火花塞的电极间隙（图4-61），间隙一般为0.6～0.8mm，电子点火系统的火花塞的电极间隙可达1～1.2mm。若不符合要求，应调整到标准值。

②**火花塞电极间隙的调整**

用钢丝式专用火花塞塞尺，小心地弯曲侧电极来调整间隙。

注意：

禁止通过敲击电极来调整。

（4）测量火花塞绝缘电阻

用兆欧表测量火花塞电极间绝缘电阻值，正常应不小于 10MΩ。

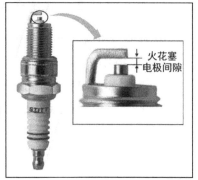

图4-61　火花塞电极间隙

任务五　点火系统故障诊断

一、任务分析

点火系统常见故障包括点火错乱、发动机高速运转不良、发动机不能起动、高压断火、高压火花弱等。通过本任务的学习应掌握这些故障的排除方法。另外还应掌握电子点火系统故障码的读取、故障排除及清除故障代码等操作。

二、相关知识

1. 点火系统的常见故障诊断

（1）点火错乱

①故障现象

发动机起动困难；起动后运转不稳，机身抖动严重，并存在化油器"回火"、排气管"放炮"现象。

②故障原因

分电器盖击穿漏电，高压线次序错乱，点火信号发生器转子定位销脱落，分火头磨损、松旷，点火正时调整不当。

③故障诊断与排除

点火错乱故障的诊断程序如图4-62所示。

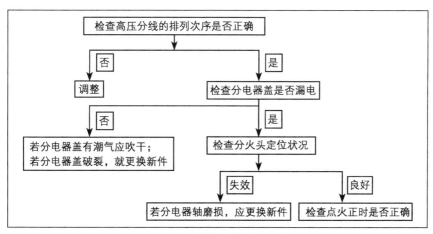

图4-62　点火错乱故障的诊断流程

（2）发动机高速运转不良

①故障现象

发动机怠速运转正常，高速运转不稳，有缺火现象，排气管有"突突"声。

②故障原因

个别缸火花塞电极间隙过大，点火线圈老化使次级电压降低，离心提前装置工作不良。

③故障诊断与排除

发动机高速运转不良故障的诊断程序如图4-63所示。

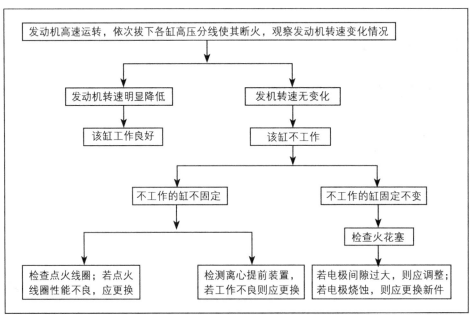

图4-63　发动机高速运转不良故障的诊断流程

（3）发动机不能起动

①故障现象

起动发动机时，起动机运转正常，但发动机无着火征兆。

②故障原因

低压线路断路、短路，点火线圈初级、次级绕组断路或短路，点火控制器、霍尔发生器损坏，分电器中心电刷折断或弹簧损坏，分火头击穿，中央高压线折断，各高压分线或火花塞损坏，点火时间过早或过迟。

③故障诊断与排除

发动机不能起动故障的诊断程序如图4-64所示。

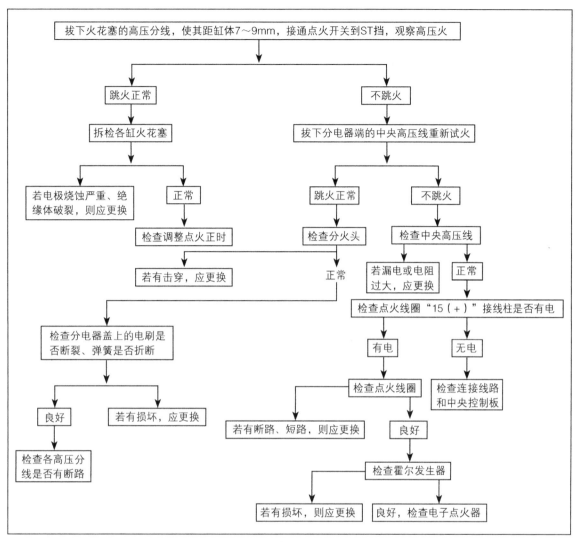

图4-64　发动机不能起动故障的诊断流程

（4）高压断火

①故障现象

发动机工作过程中有明显的抖动现象，排气管冒黑烟，并发出有节奏的"突突"声，甚至放炮，动力下降，燃油消耗高。

②故障原因

个别缸火花塞积碳过多、电极间隙不当或绝缘体破裂，高压分线脱落、漏电或电阻过大，分电器盖插孔有绝缘物或破裂、漏电，点火线圈老化导致次级电压偏低，分电器触发转子定位销松动，点火控制器内部接触不良。

③故障诊断与排除

高压断火故障的诊断程序如图4-65所示。

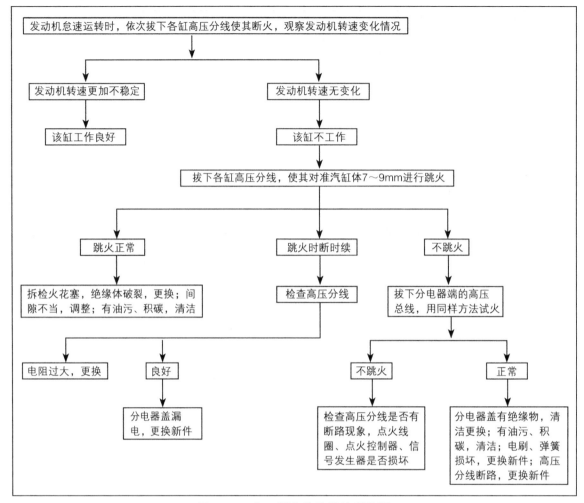

图4-65 高压断火故障的诊断流程

（5）高压火花弱

①故障现象

发动机起动困难，起动后运转不稳，怠速难以维持，化油器有时"回火"，排气管有时有"突突"声，甚至"放炮"，发动机动力不足，易过热。

②故障原因

蓄电池存电不足，点火系连接线接触不良，点火线圈内部短路，分电器盖高压插孔内氧化物过多或中心电刷与分火头接触不良，火花塞工作不良，触发叶轮与霍尔发生器之间的间隙不均匀。

③故障诊断与排除

高压火花弱故障的诊断程序如图4-66所示。

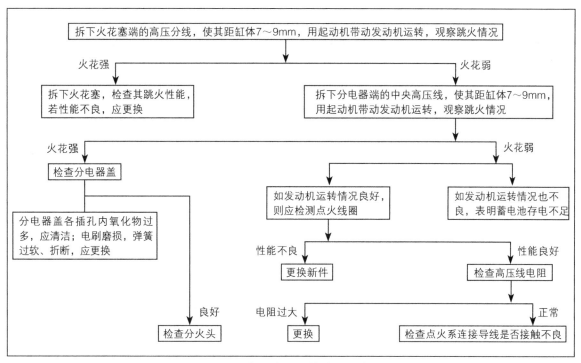

图4-66　高压火花弱故障的诊断流程

2. 点火系统常见故障与排除

（1）电子点火系统故障诊断与排除

电子点火系的电路、工作原理差异较大，因此产生故障的部件和原因也不尽相同，诊断故障的方法自然区别较大，现就一般规律简述如下。

①直观检查

仔细检查接线、插接件是否可靠，电线有无老化与破损，蓄电池的技术状况是否良好。

②判断故障在低压电路还是在高压电路

判断方法与传统点火系基本相同。采用高压跳火法检查时，从分电器盖上拔出中央高压线，使其端头离缸体4～6mm，然后接通点火开关，摇转曲轴，观察跳火情况。

●跳火正常，表明点火线圈输出的低压电正常，故障在高压电路。高压电路的故障诊断与传统方法完全相同。

●无火花，为低压电路故障。此时应分别检查点火信号发生器、电子组件和高能点火线圈。

③点火信号发生器

●检查转子凸齿与定子铁芯或凸齿之间的气隙。

●检查传感器线圈电阻，并与标准值比较。电阻值若无穷大，为断路；电阻值若较小，为匝间短路。

●检查传感器的输出信号电压并与规定值（一般为1～1.5V）比较，偏低或为零则表示有故障。

④点火控制器（开关放大器或信号放大器）

●检测点火控制器的输入电压值，并与标准值比较，当差值较大时应检查插接器、屏蔽线和各级晶体管。

●霍尔效应式点火控制器可用电压表检测控制组件，将各测试点的电压读数与厂家规定值比较，判断其故障。也可用万用表测量一次绕组两端的电压。闭合点火开关，电压表的读数约为5～6V，并在几秒内迅速降到0。如果电压不降，则表明霍尔效应式点火控制器有故障。

⑤点火线圈

点火线圈的检查主要是用万用表测量初级绕组和次级绕组的电阻值，并根据其大小判断是否短路、断路。必要时应上实验台复检。

（2）微机控制电子点火系统故障的诊断与排除

①按规定步骤读取故障码

使用中，微机控制点火系统一旦出现故障，微型电子计算机便会自动记录发生的故障，并将其

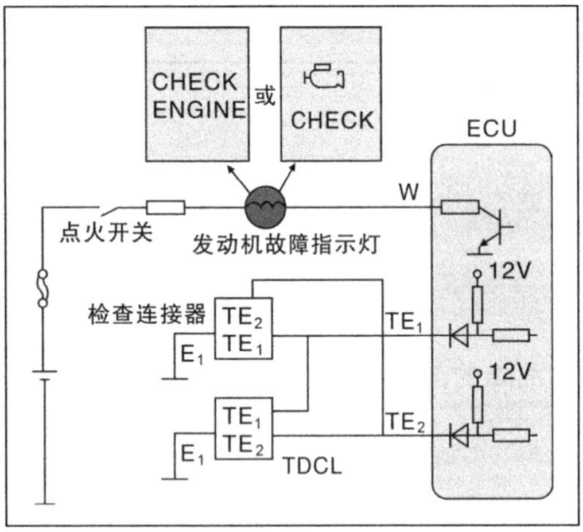

图4-67 发动机故障指示灯电路

以故障码的形式存储在故障存储器中。与此同时，仪表板上的发动机故障指示灯点亮，提醒驾驶员注意。

不同车系故障码的读取方法不同，如丰田车系可用短接发动机室左悬架弹簧支座附近的检查连接器或TDCL的诊断端子（图4-67），通过发动机故障指示灯闪烁显示故障码；切诺基汽车和克莱斯勒车系是将点火开关5s内开关3次，就可以通过发动机故障指示灯闪烁显示故障码。

注意：

即使采用了OBT-Ⅱ诊断系统，采用统一的诊断插座，不同的车系，故障码的读取方法也不同，应以有关维修手册的规定为准。

②根据故障码，确定故障具体部位、原因，予以排除

维修人员读出故障码后，可根据故障码表，查出故障的含义、类别以及故障范围等。一般情况下故障码只代表了故障类型及大致的范围，不能具体指明故障的全部原因，因此必须以此为依据进行具体、全面的检查，发现故障，予以排除。

检查的范围除了与传统点火系统类似的点火控制器、点火线圈、配电器、高压线、火花塞等部件以外，还包括转速及曲轴位置传感器、空气流量传感器、进气歧管绝对压力传感器、节气门位置传感器、冷却液温度传感器、爆燃传感器、氧传感器和微机控制单元等。因为微机控制点火系统根据发动机转速、负荷、进气量、冷却液温度甚至空调负荷等不同的因素，综合计算出最佳的点火时间，任何一个采集信号的不正常都可能导致点火不正常，例如发动机转速及曲轴位置传感器故障将直接导致ECU不能产生点火正时信号而使点火中断，发动机不能工作。

传感器的检测应根据具体车型装备的传感器型号进行，数据应查阅原厂维修手册。

③进行路试检查，确定故障彻底排除

故障全部修理完以后，进行路试检查。路试中，发动机故障指示灯应指示正常，即当点火开关旋至接通位置且不起动发动机时，发动机故障指示灯点亮；起动发动机后，发动机故障指示灯熄灭，说明故障已经彻底排除。若起动发动机后，发动机故障指示灯不熄灭，说明电子控制系统还存在故障。若出现原来的故障码，则说明故障部位未能彻底修理好；若出现新的故障码，则说明发生新的故障，需要继续修理。

④清除故障码

故障排除后，其故障码仍然存储在电子控制系统的存储器中，不会自行消掉，再读取故障码时，这些故障码会和新的故障码一起显示出来，给诊断维修增加了困难。因此，故障彻底排除、发动机故障指示灯指示正常后，应及时清除故障码，方法如下。

将点火开关旋至断开位置。然后，从发动机接线盒中拆下EFI熔丝，10s后便可清除存储在ECU中的故障码。另外，拆下蓄电池负极电缆10s以上，也可清除故障码，但同时也会把时钟、音响等其他数据清除掉。如果在进行发动机检修而必须要拆开蓄电池负极电缆时，一定要先读取存储器中存储的故障码。

清除了故障码以后，要对车辆进行路试。在路试中，发动机故障指示灯应指示正常。

项目五　照明及信号装置

任务一　照明与信号装置概述

一、任务分析

在车辆日益增多、车速不断提高的形势下，照明仅是瞻前已经不够，还须左顾右盼和免除后顾之忧，从此不仅车前灯，而且各种尾灯如行车灯、刹车灯、转向灯、后雾灯等一系列灯种相继问世，为避免夜晚行车的追尾或转弯时的相撞起了关键性作用。随后前照灯又发展成近光灯、远光灯、前雾灯等多种灯种。

二、相关知识

1. 车灯的介绍

轿车各种照明与信号灯位置如图5-1所示。

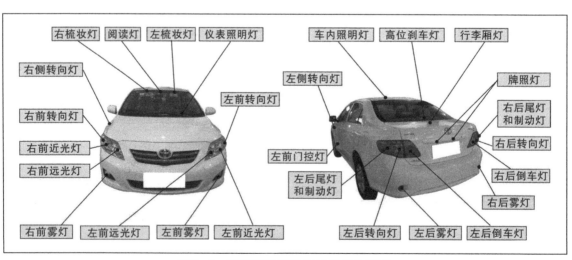

图5-1　轿车各种照明与信号灯位置图

（1）前照灯

前照灯也叫大灯或头灯，包括远光灯和近光灯。它安装在汽车头部的两侧，主要用于夜间行车道路照明，用远近光的变换，在超车时告知前方车辆避让。

（2）雾灯

雾灯分为前雾灯和后雾灯。前雾灯的安装位置比前照灯的稍低，在雾天、雨雪天或尘埃弥漫的情况下，用来改善车前道路的照明；后雾灯位于汽车尾部，用来警示尾随车辆保持一定的安全距离，灯光为红色。

（3）牌照灯

牌照灯一般装于汽车尾部的牌照上方，主要用于夜间照亮汽车号牌。

（4）阅读灯（顶灯）

阅读灯装于乘员席前部或顶部，主要用于车内照明。它不会给驾驶员产生眩目现象，照明范围小，有的还有光轴方向调节机构。

（5）行李厢灯

行李厢灯安装在轿车或客车行李厢内，当开启行李厢盖时，自动照亮行李厢内部空间。

（6）门控灯

门控灯装于轿车外张式车门内侧底部，当车门开起时，门灯发亮，以告示后来行人、车辆注意避让。

（7）仪表照明灯

仪表照明灯安装在仪表板上，用于在光线较暗时照亮仪表盘。

（8）示宽灯

示宽灯安装在汽车前面、后面和侧面，夜间行车或停车时以标示车辆的宽度。

（9）倒车灯

倒车灯安装在汽车尾部，其作用是倒车时照亮车后路面，并警示车后的车辆和行人，表示该车正在倒车。

（10）转向灯

转向灯装于汽车头部、尾部及左右两侧，用来指示车辆行驶趋向。在紧急危险状态时，全部转向灯可通过危险警报灯开关接通同时闪烁，灯光为黄色。

（11）制动灯

制动又叫刹车灯，安装在汽车尾部，其作用是在汽车制动停车或制动减速行驶时，向后方车辆及行人发出警示信号，以防止追尾碰撞，灯光为红色。

（12）其他辅助车灯

为了便于夜间检修，设有工作灯，经插座与电源相接。有的在发动机罩下面还有发动机罩下灯，其功用与工作灯相同。在一些大型客车内还安装有踏步灯和走廊灯，以方便乘客夜间上下车和在车内走动。

一般来说，车辆的前照灯、前雾灯、前位灯等组合在一起，称为组合前灯；后位灯、后转向灯、倒车灯、制动灯组合在一起，称为组合后灯。

2. 汽车灯的分类

汽车灯按用途分为照明灯和信号灯两大类。照明灯犹如汽车的"眼睛"，在黑暗中照亮汽车行驶方向上的道路，延伸和拓宽驾驶员的视野；信号灯如同汽车的"嘴巴"，车辆可通过灯光信号同其他车辆进行"语言"交流，向其他汽车司机明示本车的存在及其行驶的状态，以使汽车在道路上能够安全快捷行驶。

照明灯又分为车外照明灯和车内照明灯。车外照明灯包括前照灯、前雾灯和牌照灯等；车内照明灯主要是指仪表灯和阅读灯等。

信号灯也分为车外信号灯和车内信号灯。车外信号灯是指转向指示灯、制动灯、尾灯、示宽灯、倒车灯等；车内信号灯泛指仪表板指示灯，主要有转向、机油压力、充电、关门提示及音响、空调等指示灯。在这些车灯中，属于控制性检验的有车外照明灯和车外信号灯，因为它们是行车安全的关键部件。

汽车灯按结构分为传统车灯（或白炽灯）和LED车灯，如图5-2和图5-3所示。

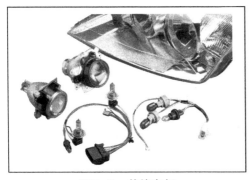

图5-2　传统车灯

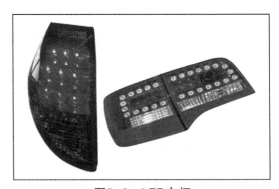

图5-3　LED车灯

任务二　汽车前照灯系统

一、任务分析

汽车前照灯是汽车夜间安全行驶的重要保证。通过学习掌握汽车前照灯的作用、类型、组成、结构、工作原理及电路分析，掌握前照灯装置的检修方法及主要部件的检修调整方法。通过对前照灯系统常见故障的分析，确定故障诊断流程，从而掌握故障诊断方法。

二、相关知识

1. 前照灯应满足的要求与安装位置

（1）前照灯应满足的要求

为了保证汽车行驶的安全性，减少道路交通事故和机械事故的发生，汽车上都安装了多种照明设备。不同汽车照明装置是不完全相同的，除了美观、实用外，必须满足两个要求：保证行车安全和符合交通法规。为保证行车安全，对前照灯的照明要求如下。

①有足够的照明距离

前照灯应保证车前有明亮而均匀的照明，使驾驶人能看清车前100m内路面上的障碍物。随着汽车行驶速度的提高，对汽车前照灯的照明距离也相应要求越来越远。

②应能防止眩目

前照灯在工作时，应避免驾驶人眩目，以免夜间两车相会时，使对方驾驶人眩目，从而造成交通事故。

（2）照明装置的安装位置

目前，汽车照明装置大都采用组合灯具，即把前照灯（俗称大灯）、前转向灯、前小灯等组合在一起，构成前组合灯（如图5-4所示为奥迪A6轿车前组合灯的分解图），把倒车灯、制动灯、后转向灯、后小灯、后雾灯等组合在一起，构成后组合灯（如图5-5所示）。

图5-6和图5-7所示为一汽大众13款速腾轿车前部和后部照明装置的名称。

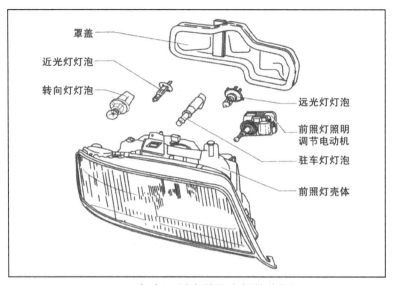

图5-4 奥迪A6轿车前组合灯的分解图

罩盖
近光灯灯泡
转向灯灯泡
远光灯灯泡
前照灯照明调节电动机
驻车灯灯泡
前照灯壳体

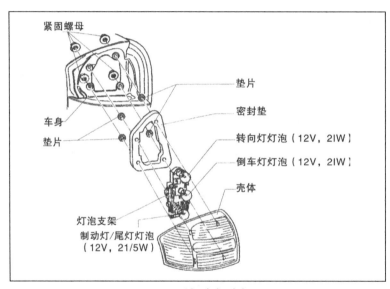

图5-5 后组合灯分解图

紧固螺母
垫片
密封垫
车身
垫片
转向灯灯泡(12V, 2IW)
倒车灯灯泡(12V, 2IW)
壳体
灯泡支架
制动灯/尾灯灯泡(12V, 21/5W)

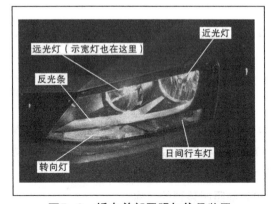

图5-6 轿车前部照明与信号装置

远光灯(示宽灯也在这里)
近光灯
反光条
转向灯
日间行车灯

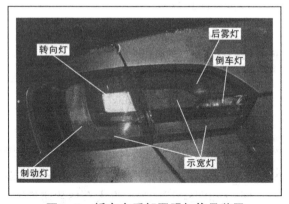

图5-7 轿车右后部照明与信号装置

后雾灯
转向灯
倒车灯
示宽灯
制动灯

2. 照明装置的组成与功用

照明装置的组成与功用见表5-1所示。

表5-1　汽车的照明装置的组成与功用

名称	安装位置	功用	功率（单位：W）
前照灯（又称大灯、头灯）	安装在汽车前部	其作用是汽车在夜间或光线昏暗路面上行驶或停车时，标示车辆的轮廓或位置，有二灯制和四灯制之分。前小灯为白色，后小灯为红色	远光灯：40～60 近光灯：35～55
小灯（又称示廓灯、示宽灯、驻车灯，车辆后方的也可称尾灯）	安装在前部和后部	其作用是汽车在夜间或光线昏暗路面上行驶或停车时，标示车辆的轮廓或位置。前小灯为白色，后小灯为红色	5～10
牌照灯	安装在汽车尾部的牌照上方	其作用是夜间照亮汽车牌照，灯光为白色	5～15
仪表灯	安装在汽车仪表上	用于夜间照亮仪表，灯光为白色	2～8
顶灯	安装在驾驶室的顶部	其作用是驾驶室内部照明，灯光为白色	5～8
雾灯	安装在前部和后部	其作用是在能见度较低的雨雾天气时，为提高行车安全用来照明。一般采用波长较长的黄色、橙色或红色，因其穿透性较强。尾部的后雾灯一般只有一个	33～55
转向灯	安装在前部、后部、左右侧面（或后视镜上）	其作用是表示汽车的运行方向。左右转向灯同时闪亮时，表示有紧急情况。灯光为黄色	20以上
制动灯（又称刹车）	安装于汽车后面	其作用是在汽车制动停车或制动减速行驶时，向后车发出灯光信号，以警告尾随的车辆，防止追尾。灯光为红色	20以上
倒车灯	安装在后面	其作用有两个：一个是向其他的车辆和行人发出倒车信号，另一个是夜间倒车照明。灯光为白色	20以上
仪表灯	安装在仪表板上	其作用是指示某一系统是否处于工作状态。灯光为红色（如远近光指示灯、转向指示灯、雾灯工作指示灯、空调工作指示灯、驻车制动指示灯、收放机工作指示灯、自动变速器挡位指示灯等）	2
报警灯	安装在仪表板上	其作用是监测汽车某一工作系统的技术状况，当出现异常情况时发出报警灯光信号。灯光为红色、绿色或黄色（如发动机故障报警灯、机油报警灯、水温报警灯等）	2

注：此外，汽车的照明装置还有工作灯、门灯、踏步灯、行李厢灯、阅读灯等。

3. 照明装置的结构特点

（1）前照灯光学组件的组成

前照灯的光学组件由灯泡、反射镜和配光镜三部分组成，如图5-8所示。

①灯泡

前照灯灯泡的结构如图5-9所示。

● **充气灯泡**

充气灯泡采用钨丝做灯丝，灯泡内充满氩和氮的混合惰性气体。在灯泡工作时，由于惰性气体受热后膨胀会产生较大的压力，这样可减少钨的蒸发。故能提高灯丝的温度，增强发光效率，从而延长灯泡的使用寿命。

● **卤钨灯泡**

充气灯泡虽已充入惰性气体，但仍然会因钨丝蒸发而使灯泡变黑。为了防止钨丝的蒸发，近年来又发明了卤钨灯泡。卤钨灯泡使用寿命长，发光效率进一步提高。在相同功率的情况下，卤钨灯的亮度是充气灯泡的1.5倍，寿命是2～3倍。

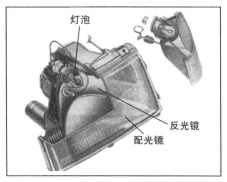

图5-8 前照灯的光学组件

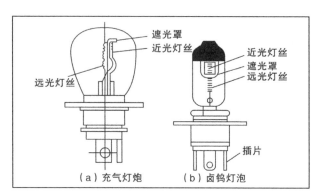

图5-9 前照灯灯泡结构

②反射镜

反射镜是用薄钢板冲压而成的，其表面镀银、铬、铝等，然后抛光。

反射镜的作用是尽可能多地收集灯泡发出的光线，并将这些光线聚合成很强的光束射向远方。半封闭式前照灯反射镜如图5-10所示。

③配光镜

配光镜也称散光玻璃，是由透明玻璃压制而成的棱镜和透镜的组合体。配光镜的作用是将反射镜反射出的光束进行折射，以扩大光线的照射范围，使车前100m内的路面各处都有良好而均匀的照明。配光镜如图5-11所示。

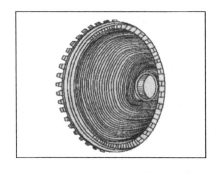

图5-10 半封闭式前照灯反射镜

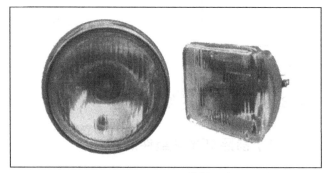

图5-11 配光镜

（2）前照灯防眩目的类型

夜间会车时，前照灯发出的强光束会使迎面来的汽车驾驶员眩目，很容易发生交通事故，所以在这方面必须引起足够的重视。前照灯防眩目一般采取以下几种类型。

①双丝灯泡

如图5-12所示。前照灯采用双丝灯泡，远光灯丝位于反射镜的焦点上，功率为45～60W；近光灯丝位于反射镜焦点的上方或前方，功率为20～50W。这样夜间行车，当对面无来车时，使用远光灯，可照亮车前方150m以上的路面；当对面来车时，使用近光灯，由于光线较弱，经反射后的光线大部分射向车前的下方，所以可避免对方驾驶员眩目。

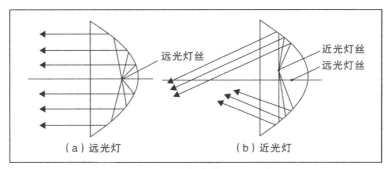

图5-12　双丝灯泡的远、近光束

②带遮光罩的双丝灯泡

双丝灯泡中，近光灯丝射向反射镜下部的光线经反射后，将射向斜上方，仍会使对面的驾驶人眩目。为了克服上述缺陷，在近光灯丝的下方装有遮光罩。当使用近光灯时，遮光罩能将近光灯丝射向反身镜下部的光线遮挡住，无法反射，提高防眩目效果。如图5-13所示，带遮光罩的双灯泡广泛使用在汽车上。

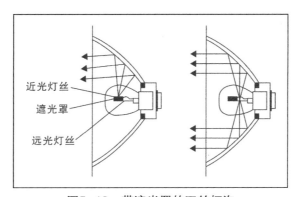

图5-13　带遮光罩的双丝灯泡

③不对称光彩

前照灯配光光形标准型如图5-14（a）所示。不对称光形如图5-14（b）所示，这是一种新型的防眩目前照灯。其遮光罩安装时偏转一定的角度，使其近光的光形分布不对称，将近光灯右侧光线倾斜升高15°。

④Z形光形

为防止对面来车驾驶员与非机动车人员眩目，Z形光形是目前最先进的光形。它不仅可防止对面驾驶员眩目，也可防止非机动人员眩目，如图5-15所示。

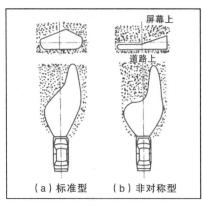

图5-14　前照灯配光光形

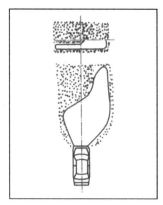

图5-15　前照灯Z形光形

（3）前照灯的分类

①可拆式前照灯

这种前照灯的配光镜靠反射镜边缘上的齿簧与反射镜组合在一起，并用箍圈和螺钉将它们固定在灯壳上，可拆式前照灯由于密封性不好，反射镜易受灰尘和湿气的污染而变黑，严重影响照明效果，目前已很少采用。

②全封闭式前照灯

全封闭式前照灯又称真空灯。它的反射镜和配光镜制成一体，里面装有灯丝，并充以惰性气体。灯丝焊在反射镜底座上。反射镜的镜片为真空镀铝，其结构如图5-16所示。这种结构的优点是可以完全避免反射镜受到污染。但是当灯丝烧坏后，需要更换前照灯总成，成本较高。

③半封闭式的前照灯

半封闭式的前照灯结构如图5-17所示。其配光镜由反射镜边缘上的牙齿固定在反射镜上，两者之间由橡胶圈或密封胶密封。灯泡可从反射镜后端进行拆装，维修方便，因此得到了普遍使用。更换灯泡时，切勿用手触摸灯泡玻璃壳部分，以免缩短灯泡的寿命。

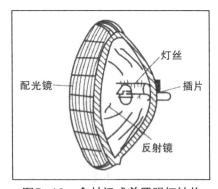

图5-16　全封闭式前照明灯结构

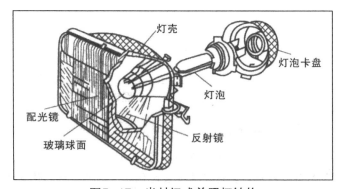

图5-17　半封闭式前照灯结构

④投射式前照灯

如图5-18所示，投射式前照灯的反射镜近似于椭圆形状，它具有两个焦点。第一焦点处放置灯泡，第二焦点是由光线形成的。凸形散光镜的焦点与第二焦点是一致的。来自灯泡的光利用反射镜聚成第二焦点，再通过散光镜将聚集的光投射到前方。投射式前照灯采用的灯泡为卤钨灯泡。在第二焦点附近设有遮光板，可遮挡上半部分光，形成明暗分明的配光。由于它的这种配光特性，因此也可用于雾灯。

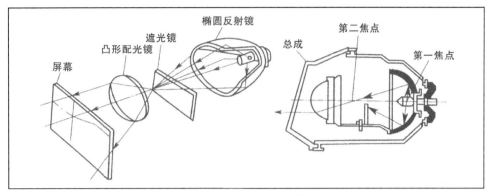

图5-18　投射式前照灯的构造

投射式前照灯，反射镜采用扁长断面，光束横向分布效果好，结构紧凑，经济实用。

⑤HID氙气式前照灯

HID（High Intensity Discharge）是高强度气体放电式灯的缩写。该型灯放电的气体是氙气，故亦称氙气灯。氙气式前照灯的实物如图5-19所示，结构如图5-20所示。这种灯的灯泡里没有灯丝，取而代之的是装在石英管内的两个电极，管内充有氙及微量金属（或金属卤化物）。在电极上加上5～12kV电压后，气体开始电离而导电。由气体原子激发到电极间少量的水银蒸气，最后转入卤化物弧光灯工作。氙气式前照由氙气灯组件、电子控制器和升压器三大部分组成。其灯泡的光色和日光灯相似，亮度是目前卤钨灯泡的2.5倍，寿命是卤钨灯泡的5倍。灯泡的功率为35W，可节能40%。目前，在中高级轿车中氙气式前照灯应用比较广泛。

图5-19　氙气式前照灯实物

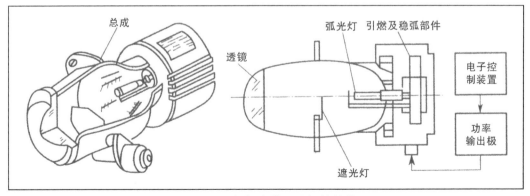

图5-20　氙气式前照明灯的结构

4. 汽车大灯控制开关

汽车大灯控制开关主要有灯光转换开关和变光开关。

（1）灯光转换开关

灯光开关的形式有拉钮式、旋转式和组合式等多种，目前汽车上常见的灯光转换开关有旋转式和组合式两种，如图5-21所示。

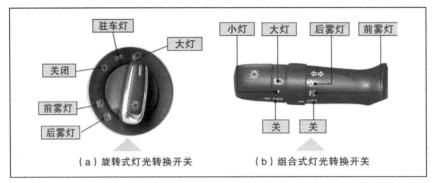

图5-21　灯光转换开关

图5-21（b）为轿车使用的组合开关，转动开关端部，便可依次接通尾灯（包括前小灯）和前照灯，将开关向下压，由近光变为远光，此时将开关向上扳，由远光变为近光，向前扳动开关，可使右转向灯工作，向后扳动开关，可使左转向灯工作。

（2）变光开关

变光开关可以根据汽车行驶的需要切换近光和远光。变光开关有组合开关和脚踏开关两种。目前汽车采用较多的是组合开关（图5-22），该开关安装在转向盘下方，方便驾驶员操作。

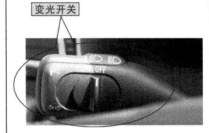

图5-22　变光开关

5. 汽车大灯控制系统电路工作原理

这里以丰田卡罗拉前照灯电路原理图（图5-23）为例，介绍汽车大灯控制原理。

（1）近光灯控制

当前大灯变光开关E60置于近光挡时，E60的8脚与11脚导通。

蓄电池正极→50A主前大灯熔丝→调光继电器线圈→E60（8-11脚）→E1搭铁→蓄电池负极。此时，H-LP继电器线圈通电，闭合。

蓄电池正极→50A主前大灯熔丝→前照灯继电器触点后分两路：一路经10A左前大灯近光熔丝→A65→A1搭铁→蓄电池负极；另一路经10A右前大灯近光熔丝→A64→A3搭铁→蓄电池负极。此时，左、右前大灯近光灯均亮。

（2）远光灯控制

当前大灯变光开关E60置于远光挡时，E60的9脚与11脚导通。

蓄电池正极→50A主前大灯熔丝→调光继电器线圈→E60（9-11脚）→E1搭铁→蓄电池负极。此时，调光继电器线圈通电，闭合。

蓄电池正极→50A主前大灯熔丝→调光继电器触点分两路：一路经左前大灯远光10A熔丝→A38→A1搭铁→蓄电池负极，另一路经10A右前大灯远光熔丝后又分两路，一路到A37→A3搭铁→蓄电池负极，另一路到E46（4-3脚）→E1搭铁→蓄电池负极。此时，左、右前大灯远光灯及仪表内远光指示灯均亮。

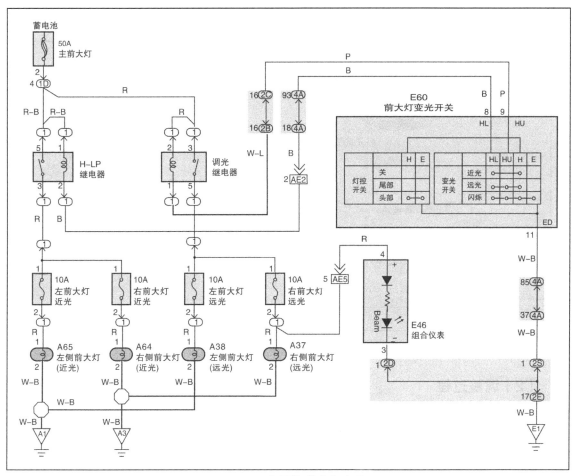

图5-23　卡罗拉前大灯电路

（3）闪光控制

当前大灯变光开关E60置于闪烁挡位置时，组合开关E60的9脚与11脚导通，8脚与11脚也导通，此时远光灯、近光灯、仪表内远光指示灯均亮。

6.照明系统的调整与检修

下面以前照明灯为例介绍照明系统的调整与检修。

（1）准备工作

①将汽车停在水平地面上，按规定充足轮胎气压，从汽车上卸下所有负荷（一名驾驶员

除外）。

②在距离前照灯S（m）处挂一白幕巾（或利用白墙），在屏幕上画两条垂直线（各线应通过各前照灯的中心）和一条水平线，水平线的高度与前照灯离地面的高度相等，如图5-24（a）所示。再画一条比水平线低D（mm）的水平线，如图5-24（b）所示，该水平线与两条前照灯的垂直中心线分别相交于a、b两点。

③起动发动机，并使之以2000r/min（约为发动机最高转速的60％）旋转，即在蓄电池不放电的情况下点亮前照灯远光（有些车则用近光调整）。

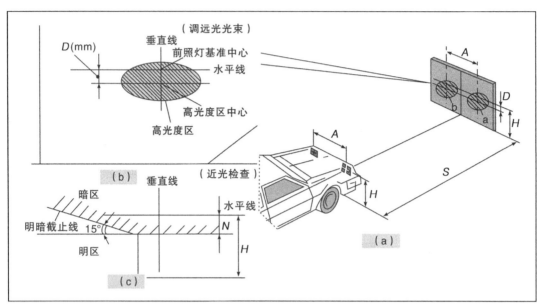

图5-24　前照灯光束的检查与调整

（2）调整过程

①应先将一只灯遮住，然后检查另一只前照灯的光束中心是否对准a点或b点（同一侧的光照中心）。

②如果不符合要求，则可拆下前照灯罩圈，用螺丝刀旋入或旋出侧面的调整螺钉，可作水平方向上的调整；用螺丝刀旋入或旋出上面的调整螺钉，可作高低方向上的调整，如图5-25所示。

③待一只前照灯调好后，再按同样方法调整另一只前照灯，使其光束中心对准b点或a点。

（3）调整后的检查

当远光调好后，应打开近光灯，检查屏幕上是否有明显的明、暗截止线，其高度是否符合规定。一般规定是：前照灯上边缘距地面不大于1350mm的汽车，在距灯10m远处的屏幕上的明、暗截止线水平部分应比前照灯基准中心低$H/3$左右，如图5-24（c）所示。

对于按近光调整的四灯式前照灯，当调好外侧两只前照灯的近光后，还应打开远光束，分别调整内侧两只前照灯（仅有远光），使其光形的最亮点落在近光切断面的上方。

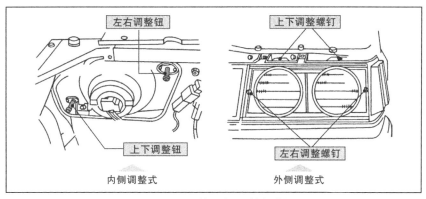

图5-25　前照灯调整部位

（4）照明系统电路故障诊断

照明系统主要由蓄电池（发电机）、熔丝、灯控开关、灯光继电器、变光器、车灯及其线路组成。车型不同，其控制线路也不相同。在检修其故障时，应首先弄懂其控制线路的组成和原理，以及部件之间的连接关系。

①断路故障诊断

●用试灯检查

将试灯的一端夹在发动机或车架上（即搭铁），接通灯开关，把试灯的另一端与蓄电池到该灯之间连线上的各接点相接触，如灯亮，再与第二个接点接触……，直至试灯不亮为止。可以确定，断路处即在试灯亮时的测试点与试灯不亮时的测试点之间（图5-26）。

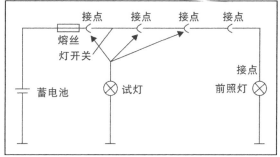

●用万用表直流电压挡检测

其方法与试灯法基本相同。万用表"−"表笔搭铁，"+"表笔分别与蓄电池到该灯之间连线上各接点相接触，检测其电源电压是否正常，如不正常，则断路发生在有电压指示和无电压指示两个被测试点之间的这段线路中。

图5-26　用试灯方法检查断路故障

②搭铁故障诊断

当接通灯开关时，熔断器立即烧坏，说明开关所接通的灯系线路有短路搭铁故障，其搭铁部位在灯开关与灯之间。

●用试灯方法检查

首先断开导线与灯及灯开关连接处的导线，将试灯一端与蓄电池"+"极相连接，另一端与接灯（或灯开关）的线头相连接，如试灯亮，说明有搭铁故障存在，此时逐个拆开从灯开关到灯之间导线上的各个接点，如灯灭，则搭铁故障发生在灯灭时拆开点与上一个拆开点之间的导线上。

●用万用表电阻挡检查

将万用表一只表笔搭铁，另一只表笔与接灯的导线线头相连接，如万用表读数为零，说明有搭铁故障存在。检查方法与试灯方法相同。

（5）照明系统故障诊断与排除

照明系统常见故障、原因及其排除方法见表5-2。

表5-2 照明系统常见故障、原因及其排除方法

故障现象	故障原因	排除方法
所有灯全不亮	蓄电池至灯总开关之间相线断路	重新接线
	灯总开关损坏	更换
	电源总熔丝断	更换
远光灯或近光灯不亮	变光器损坏	更换
	导线断路或导线连接器接触不良或灯泡坏	更换
	远光灯或近光灯熔丝坏	更换
	灯光继电器损坏	更换
	导线搭铁	排除
	灯总开关损坏	更换
前照灯灯光暗淡	熔丝松动	插紧
	导线接头松动	紧固
	前照灯开关或继电器触点接触不良	更换
	发电机输出电压低	维修发电机
	用电设备漏电，负荷增大搭铁不良	修复
一侧前照灯亮度正常，另一侧前照灯暗淡	前照灯暗的一侧搭铁不良	紧固
	导线连接器的插头接触不良	紧固
前照灯、后灯正常，示廓灯不亮，接通小灯，一侧示廓灯亮，另一侧示廓灯亮度变弱且该侧指示灯和后转向指示灯也亮，但不闪烁	灯总开关损坏	更换
	熔丝熔断	更换
	示廓灯泡坏	更换
	示廓灯线路断路	修复
	继电器损坏	更换
	亮度暗淡的示廓灯搭铁不良（指灯壳搭铁的灯）	修复
踏下制动踏板，制动灯不亮	制动熔丝熔断	更换
	制动开关损坏	更换
	导线断路	修复
	搭铁不良	修复
	灯泡坏	更换
灯泡经常烧坏	发电机输出电压过高	维修发电机

诊断时，应根据不同的故障现象采取不同的诊断方法。下面具体举例说明。

①前照灯的远近光均不亮

如果远光灯和近光灯都不亮，应先查仪表灯是否亮，如果仪表灯亮，说明车灯开关的电源线正常，将点火开关接通、车灯开关置于2挡（前照灯接通如图5-27所示）位置，测变光开关上的相线接线柱电压是否正常，若电压为零，说明车灯开关至变光开关之间断路或车灯开关有故障；若电压正

常，可以短接变光开关试验，若灯亮，说明变光开关损坏，应更换。若灯不亮则查变光开关后的线路和灯丝。

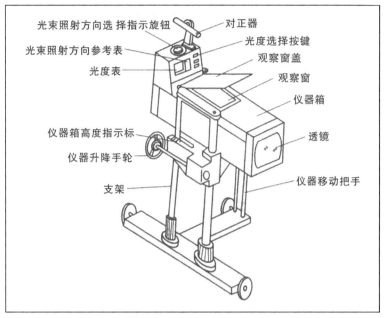

图5-27　前照灯检验仪

②前照灯一侧亮，另一侧暗

先查两侧灯泡的功率是否相同，可采用互换左右灯泡的办法进行判断。若灯泡功率相同，可用一根导线，一端接车身，另一端接灯光暗淡的灯泡搭铁接线柱，若恢复正常，则表明该灯搭铁不良。若灯光无变化，常为变光开关接触不良，或连接该灯泡灯丝的插头松动，或锈蚀使接触电阻过大所致。可用电源短接法迅速判明故障部位。

灯泡搭铁不良时，灯光暗淡，表现为灯泡远光与近光都同时发光微弱。否则就不是灯泡搭铁不良故障，一般是前照灯反射镜有灰尘或氧化，可通过清洁或更换反射镜来排除故障。

任务三 信号系统

一、任务分析

通过学习灯光信号系统（转向灯信号、倒车灯信号、制动灯信号）、声音信号系统（电扬声器）等汽车信号装置的作用、类型、组成、结构、工作原理及电路图，掌握汽车信号装置的检修、调整及检测方法。通过常见故障分析，确定故障诊断流程，掌握信号装置故障的诊断方法。

二、相关知识

1. 灯光信号系统

汽车灯光信号系统主要包括转向信号灯与危险警告灯、倒车灯、制动灯等。

（1）转向信号与危险报警系统

汽车在转弯时，转向信号灯不停闪烁，指示车辆将向左转或向右转，用来警示行人及其他车辆。当遇危险情况或紧急停车时，按下危险警告开关，使全部转向灯同时闪烁，作为危险报警信号，提醒其他车辆避让。

转向信号与危险报警系统主要由转向信号灯、闪光器、转向灯开关和危险警告开关等组成。

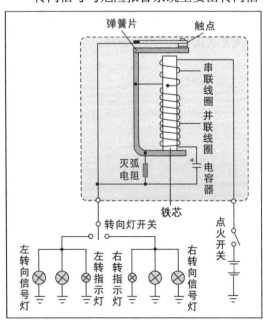

图5-28 电容式闪光器的结检与工用原理

①闪光器

闪光器的作用是在汽车转向时，使转向灯与危险报警灯、转向指示灯发出明暗交替的闪烁信号，闪光器按结构和工作原理可分电容式、翼片式、晶体管式和集成电路式等。

●电容式闪光器

电容式闪光器的结构与工作原理如图5-28所示。

当汽车向左转弯时，接通转向灯开关，左转向信号灯就被串入电路中。这时并联线圈、电容器及电阻被触点短路，而电流通过串联线圈产生的电磁吸力大于弹簧片的作用力，触点迅速被打开，转向信号灯和指示灯灭。触点打开后，蓄电池经串联线圈、并联线圈向电容器充电，由于并联线圈电阻较大，充电电流很小，不足以使转向信号灯亮，则转向信号灯和指示灯仍灭。同时充电电流通过串联线圈和并联线圈产生的电磁吸力方向相同，使触点继续打开，随着电容器的充电，电容器两端的电压逐渐升高，其充电电流逐渐减小，串联线圈和并联线圈的电磁吸力减小使触点重又闭合。触点闭合后，转向信号灯和指示灯亮起。与此同时，电容器通过并联线圈和触点放电，其放电电流通过并联线圈时产生的磁场方向与串联线圈相反，所产生的电磁吸力减小，故触点仍保持闭合，左转向信号灯和指示灯继续亮着。随着电容器的放电，电容器两端电压逐渐下降，其放电电流减小，则并联线圈的退磁作用减弱，串联线圈的电磁吸力增强，触点重又打开，灯灭。如此反复，继电器的触点不断开闭，使转向信号灯和指示灯不断闪烁。

●翼片式闪光器

翼片式闪光器的结构原理如图5-30所示。当接通转向灯开关时，转向信号灯通电，电流信号走向：蓄电池正极→闪光器接线柱B→翼片→热胀条→活动触点→固定触点→闪光器接线柱L→转向灯开关→转向指示灯和转向信号灯→搭铁→蓄电池负极，此时，转向信号灯和转向指示灯都变亮。

因为电路的导通，热胀条因通电受热而伸长，当热胀条伸长到一定长度时，翼片突然绷直，使活动触点与固定触点分开，转向信号灯电流被切断，转向信号灯和指示灯熄灭；触点断开后，热胀条将逐渐冷却收缩，当翼片收缩成弓形后，触点又闭合，接通转向信号灯电路，转向信号灯和指示灯又变亮。

如此交替变化，使转向信号灯和指示灯不断闪烁。

●电子闪光器

无触点电子式闪光器的工作原理如图5-30所示。

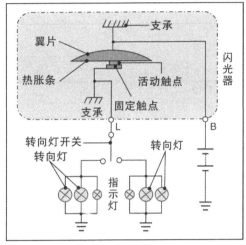

图5-29　直热翼片式闪光器的结构原理图

当接通转向开关，T_3通过R_2得到正向偏置电压，T_3导通，T_2、T_1截止。由于T_3的发射极电流很小，此时转向灯和指示灯较暗。同时，电源通过R_3对C充电（上+下−），使得T_3的基极电位下降，当低于其导通所需正向偏置电压时，T_3截止。T_3截止后，T_2通过R_1得到正向电流而饱和导通，转向灯和指示灯变亮。同时，C经R_3、R_2放电，使T_3仍保持截止，转向信号灯和指示灯继续发亮。随着C放电电流减小，T_3基极电位又逐渐升高，当高于其正向导通电压时，T_3又导通，T_2、T_1又截止，转向信号灯和指示灯熄灭。

如此循环，使转向灯和指示灯不断闪烁，闪烁频率由电容C的充放电时间决定。

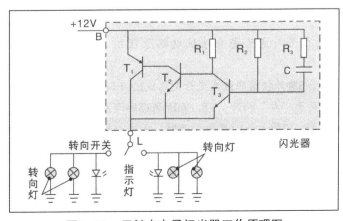

图5-30　无触点电子闪光器工作原理图

●集成电路式闪光器

集成电路闪光器的工作原理如图5-31所示，桑塔纳轿车上装有这种类型的闪光器。其中U243B是一块低功耗、高精度的汽车电子闪光器专用集成块。其内部电路主要由输入检测器、电压检测器、振荡器及功率输出级四部分组成。

输入检测器用来检测转向信号灯开关是否接通；振荡器由一个电压比较器、外接电阻R_4和电容器C_1构成；电压检测器用来识别取样电阻R_S上的压降，该压降经电压检测器识别后，控制振荡器中电压比较器的参考电压，从而改变振荡频率。

当转向灯开关闭合时，电路工作，转向信号灯和转向指示灯闪烁，频率为80次/min。如果某只转向灯损坏，则转向指示灯的闪光频率会加快一倍，以示报警。当打开危险报警开关时，汽车的前、后、左、右转向信号灯将同时闪烁。

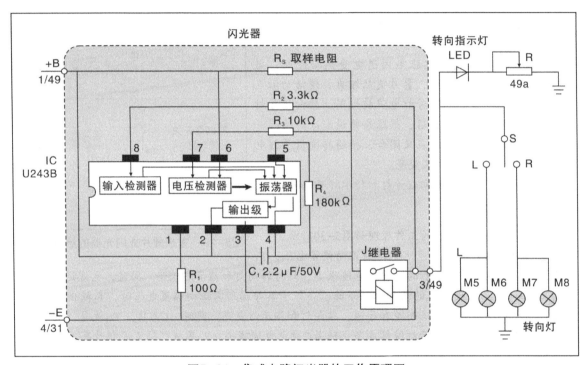

图5-31 集成电路闪光器的工作原理图

②转向信号与危险警告系统电路工作原理

这里以卡罗拉转向信号与危险警告系统电路原理图（图5-32）为例对其工作原理进行介绍。

闪光灯继电器的5脚、6脚外接前照灯变光开关总成E8/E60。

左转向灯亮：当E8置于"左"挡时，E8/E60的A15脚与A12脚接通。电流信号走向：闪光灯继电器（5脚）→E8/E60（15-12脚）→E1搭铁，此时，闪光灯继电器内部左转向触点闭合，电流信号经闪光灯继电器（3脚）输出分为三路：

● 第一路经L7→L34（4-1脚）→L3搭铁，左后组合灯L7中的转向灯闪烁；

● 第二路经E46（6脚）→组合仪表内部的左转向指示灯→组合仪表内部搭铁，组合仪表上的左转向指示灯闪烁；

● 第三路到A48/A49（A1脚）后又分为两路，一路从A48/A49（B5脚）→A7→A1搭铁，另一路从A48/A49（B6脚）→A6→A1搭铁，此时左前转向信号灯和左侧转向灯均闪烁。

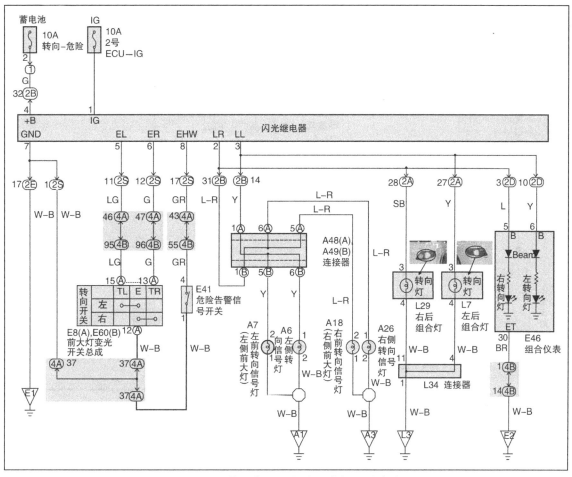

图5-32 转向信号和危险警告灯系统电路

右转向灯亮：当E8置于"右"挡时，E8（E60）的A13（B6）脚与A12（B7）脚接通。电流信号走向：经转向信号闪光灯继电器（6脚）→E8/E60（A13-A12脚）→E1搭铁，此时，闪光灯继电器内部右转向触点闭合，电压经闪光灯继电器的2脚输出分为三路：

● 第一路经L29→L34（11-1脚）→L3搭铁，右后组合灯L29中的转向灯闪烁；

● 第二路经E46（5脚）→组合仪表内部的右转向指示灯→组合仪表内部搭铁，组合仪表上的右转向指示灯闪烁；

● 第三路到A48/A4（B1脚）后又分为两路，一路从A48/A49（A5脚）→A18→A3搭铁，另一路从A48/A49（A6脚）→A26→A3搭铁，此时右前转向信号灯和右侧转向灯均闪烁。

危险警告：闪光灯继电器的8脚外接危险信号告警信号开关，当按下危险信号告警灯开关，闪光灯继电器的8脚搭铁，闪光灯继电器收到危险告警信号，此时，前、后、左、右及侧向转向灯将同时闪烁。

（2）倒车信号系统

这里以凯美瑞倒车信号系统电路原理图（图5-34所示）为例对其工作原理进行介绍。

当按下倒车灯开关时，电流信号走向：蓄电池正极→点火开关→10A1号仪表熔丝→C28后分两路。一路经后组合灯（左倒车灯）到S1搭铁端，另一路经后组合灯（右倒车灯）到S1搭铁端。此时后组合灯的左倒车灯和右倒车灯均亮。

当驻车/空挡位置开关打在R挡时，后组合灯的左倒车灯和右倒车灯也都会亮。

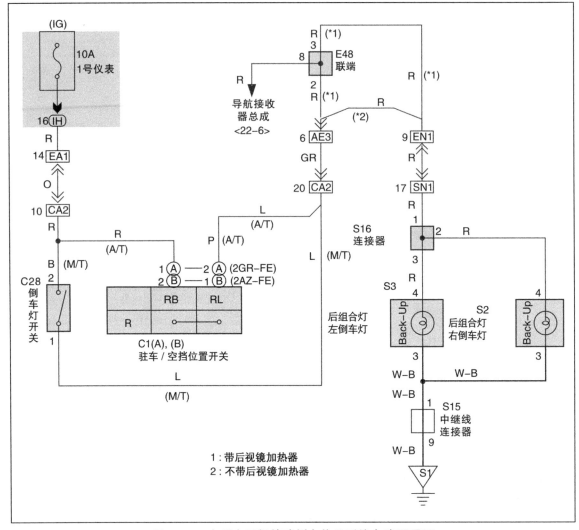

图5-33　广州丰田凯美瑞倒车信号系统电路原理图

此时电流信号走向： 蓄电池正极→点火开关→10A 1号仪表熔丝→驻车/空挡位置开关分两路，一路经后组合灯（左倒车灯）到S1搭铁端，另一路经后组合灯（右倒车灯）到S1搭铁端。

（3）制动警告信号系统

这里以卡罗拉制动警告系统电路原理图（图5-34）为例对其工作原理进行介绍。

蓄电池电压经10A制动熔丝后，供电给制动灯电路，按下制动灯开关，电流信号走向：蓄电池正极→10A制动熔丝→A1→A45→L30/L31（A9脚）后分为五路：

①第一路从L30/L31（B10脚）→L7→L34→L3搭铁，此时左后制动灯L7亮；

②第二路从L30/L31（A7脚）→L29→L34→L3搭铁，此时右后制动灯L29亮；

③第三路从L30/L31（A8脚）→L8→L34→L3搭铁，此时中央制动灯L8亮；

④第四路从L30/L31（B12脚）→L44→L34→L3搭铁，此时中央制动灯L44亮；

⑤第五路从L30/L31（B11脚）→L20。

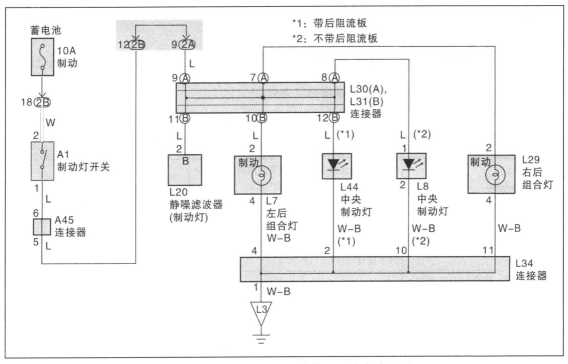

图5-34　卡罗拉轿车制动警告信号系统电路原理图

2. 声音信号系统

现在汽车上的声音警告系统主要是指汽车电扬声器警告系统。卡罗拉电扬声器警告系统电路原理图如图5-35所示。

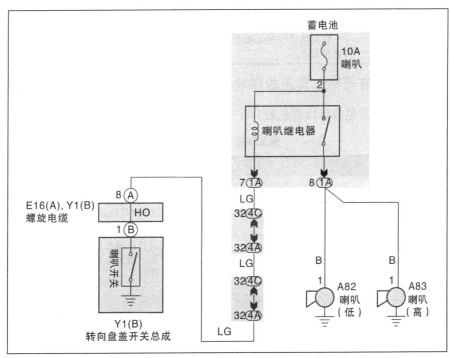

图5-35　卡罗拉轿车扬声器警告系统电路原理图

3．信号系统常见故障检修

（1）转向与危险警告信号系统常见故障检修

转向与危险警告信号系统电路故障检修见表5-3。

表5-3　转向与危险警告信号系统故障检修表

故障现象	故障原因	排除方法
转向灯不闪光	电源-闪光继电器-转向开关的电源线路中断路 闪光继电器损坏 转向开关损坏	重新接好
左转向时闪光正常而右转向时闪光变快	右转向灯功率变小 右转向灯中有一只灯泡烧坏或线路中有接触不良处	按规定安装灯泡、更换灯泡、使搭铁良好
右转向时，转向灯闪烁正常，但左转向时前面两个小灯均微弱发光	左小灯搭铁不良（采用双丝灯泡时）	使搭铁良好
接通转向开关，闪光继电器立即烧坏	转向开关至某一转向灯之间线路有短路搭铁处	找出搭铁处重新绝缘
闪烁次数少	使用了比规定容量大的灯泡 电漏电压过低 闪光灯装置不良	更换成标准灯泡 给蓄电池充电 更换闪光器
闪烁次数多	使用了比规定容量小的灯泡 信号灯接地不良 闪光灯装置不良 信号灯丝断	更换成标准灯泡 修理灯座接地处 更换 换灯泡
左右转向信号灯闪烁次数不一样，或其中有一个不工作（非闪光器故障）	指示灯或信号灯断线，其中一个灯使用了非标准瓦数的灯泡 灯接地不良 转向信号灯开关和转向信号灯之间有断线接触不良	更换灯泡 更换标准瓦数灯泡 接牢地线 修理接触部位

（2）倒车警告信号系统常见故障检修

倒车警告信号系统常见故障检修见表5-4。

表5-4　倒车警告信号系统故障检修表

故障现象	故障原因	排除方法
倒车灯不亮	一般是倒车灯的灯泡损坏、倒车灯开关损坏、线路有断路所致	检修时先查看倒车灯熔丝是否烧断；若完好，可将倒车灯开关短接，短接后灯变亮，说明倒车灯开关失效；短接后灯仍不亮，可查倒车灯灯丝是否烧断，灯座是否接触不良；最后用试灯查线路是否断路
倒挡挂不进	倒车灯开关或变速器有故障	遇此故障，可旋出倒车灯开关再重挂，挂进了说明倒车灯开关钢球卡死、漏装垫圈或垫圈太薄；重挂挂不进，说明变速器有故障
仅倒挡不亮，其余挡位倒车灯全亮	常开式与常闭式倒车灯开关装反了	重装倒车灯开关

（3）制动警告信号系统常见故障检修

制动警告信号系统常见故障检修见表5-5。

续表

表5-5 制动警告信号系统常见故障检修表

故障现象	故障原因	排除方法
全部制动灯不亮	制动灯熔丝烧坏、制动灯损坏、制动灯开关损坏、线路有断路所致	可先查制动灯熔丝，再查灯丝是否烧断、灯座是否接触不良。若上述情况正常，可短接制动灯开关，若灯变亮，说明制动灯开关坏，若仍不亮，应用试灯查线路是否断路
单边制动灯不亮	制动灯损坏或接触不良、线路有断路所致	应查该制动灯是否烧断、灯座是否接触不良、该侧灯线是否折断
制动灯常亮	一般多为制动灯开关有故障	松开制动踏板，制动灯常亮，这种故障一般出在踏板控制式制动灯开关上。应检查踏板能否回位，开关中心顶柱是否磨损或开关内部是否短路

（4）电扬声器声音警告信号系统常见故障检修

电扬声器声音警告信号系统常见故障检修见表5-6。

表5-6 电扬声器声音警告信号系统常见故障检修表

故障现象	故障原因	排除方法
按下扬声器按钮，扬声器不响	扬声器电路线路断路 过载或电路短路，使熔丝熔断 扬声器线圈烧坏或有脱焊之处 扬声器触点烧蚀或触点不闭合 扬声器导线端头与转向机间的接线管脱开 导线在转向机轴管内扭断 扬声器线圈按钮上的焊头脱落或接触不良 扬声器继电器线圈断路、触点间隙过大，使触点不能闭合 按钮接触不良或搭铁不良	找出断路处，重新接好 找出短路处，排除后更换熔丝 更换 打磨触点，重新调整 插紧 更换导线 重新焊好 调整 更换或修理
扬声器声音沙哑	蓄电池电压不足扬声器 触点烧蚀接触不良 膜片破裂 回位弹簧钢片折断 动铁和铁芯间的间隙不均，因歪斜发生硬撞 扬声器固定螺钉松动 扬声器筒破裂	充电 清洁打磨触点 更换 更换 重新调整 紧固 更换
电扬声器常响	按钮卡死 继电器触点烧结 继电器按钮线搭铁	遇扬声器常响故障时，应及时拔下扬声器保险制止长鸣现象，然后按上述原因所在部位逐点检查。

项目六 仪表和电器系统

任务一 仪表系统结构与工作原理

● 一、任务分析

仪表系统可以帮助驾驶员即时掌握汽车主要系统的运行情况，及时发现问题，排除故障，让车况保持良好，防止事故的发生。仪表系统中的各种仪表和指示灯，反映汽车一些重要的运行状态的参数，必要时提出警示。仪表和指示灯安装在驾驶室前方仪表板上。

仪表系统主要由仪表控制单元、传感器（主要有机油油位和机油温度传感器、车外温度传感器、燃油存量显示传感器、发动机转速传感器、车速传感器等）、仪表（主要包括发动机转速表、车速表、燃油表、温度表等）和指示灯（发动机指示灯、驻车制动装置指示灯和远光灯指示灯等）组成。

● 二、相关知识

1. 认识仪表板

如图6-1所示是汽车驾驶室内的仪表板，这里我们来了解一下仪表板。

图6-1 仪表板

（1）仪表

①转速表

转速表指针根据来自点火器的信号移动，表示发动机转速。

②车速表

车速表指针按照来自车速传感器的信号移动，表示车辆行驶速度。

③冷却液温度表

冷却液温度表指针按照来自传感器的信号移动，表示发动机冷却液温度。

④燃油表

燃油表指针按照来自传感器的信号移动，表示燃油箱的剩油量。

（2）指示灯

在打开点火开关的时候，仪表板上会亮起不同图案的指示灯。指示灯一般采用1~4W小功率灯泡，目前流行采用发光二极管。

常见指示灯及其说明如图6-2和表6-1所示。

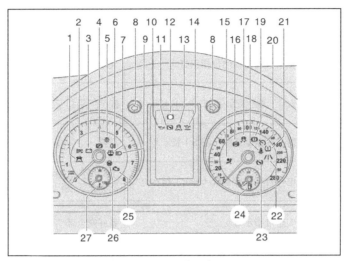

图6-2　指示灯

表6-1　指示灯说明

序号	图形	名称	灯亮时的说明
1		车前测距监控系统指示灯	已打开
2	EPC	发动机控制装置故障指示灯（EPC-电力控制系统）	仅安装在配备汽油发动机的汽车上
3		发电机指示灯	发电机故障
4		驻车制动装置指示灯	故障
5		白炽灯失灵或转弯灯系统故障的指示灯	
6		后雾灯指示灯	已打开
7		车窗玻璃清洗液液位指示灯	车窗玻璃清洗液罐中的车窗玻璃清洗液液位过低
8		左右两侧行驶方向显示器指示灯（闪光灯装置）	已打开
9		远光灯指示灯	已打开
10		发动机的机油压力指示灯	①发动机的机油压力过低 ②发动机停机并检测发动机的机油油位

续表

序号	图形	名称	灯亮时的说明
11		脚制动器指示灯	①踩下脚制动器 ②自适应巡航系统的制动要求
12		制动摩擦片指示灯	制动摩擦片磨损
13		车前测距监控系统指示灯	①绿色：已打开 ②黄色：故障
14		发动机的机油油位指示灯	发动机的机油油位过低-检测发动机的机油油位
15		安全气囊系统/安全带拉紧系统指示灯	安全气囊和安全带拉紧系统故障
16		防抱死制动系统（ABS）指示灯	故障
17		电控行车稳定系统（ESP）指示灯	①闪烁：电控行车稳定系统（ESP）调节 ②亮起：ESP 故障或已关闭
18		安全带指示灯	系好安全带
19		手制动器/制动系统指示灯	①亮起：制动系统故障 ②亮起：制动液不足，发动机停机并检测制动液 ③指示灯亮起，而且按钮中的驻车制动器指示灯亮起，驻车制动器已关闭 ④指示灯闪烁而且驻车制动器指示灯亮起：驻车制动装置故障 ⑤指示灯闪烁而且按钮中的驻车制动指示灯闪烁：驻车制动装置故障
20		定速巡航装置（GRA）指示灯	GRA调节
21		胎压监测系统指示灯	某个车轮的胎压过低或者存在系统故障
22		车道保持系统 （Lane Assist）指示灯	①绿色：已打开，激活 ②黄色：已打开，未激活
23		"踩下脚制动器"指示灯	①电子驻车制动器要求 ②自动变速箱或双离合器变速箱 DSG 的要求
24		燃油存量指示灯	燃油存量过低（储备量）
25		废气警示灯（OBD）	排气系统故障
26		转向系指示灯	①亮起：电动助力转向系统故障 ②闪烁：电子转向柱锁止系统，请勿继续驾驶
27		冷却液温度指示灯	①冷却液温度过高或冷却液位过低 ②发动机停机并散热，检测冷却液液位

2．仪表的结构与工作原理

（1）车速里程表

①磁感应式车速里程表

车速里程表分为车速表和里程表两部分。

在车辆行驶时，主动轴带动U形永久磁铁旋转，在感应罩上产生涡流，涡流受永久磁铁作用产生转矩，驱使感应罩克服盘形弹簧弹力作同向偏转，从而带动指针在刻度盘上指示相应的车速值。车速越快，永久磁铁旋转越快，感应罩上的涡流转矩越大，感应罩带着指针偏转的角度越大，指示的车速值也越大。

里程表由蜗轮蜗杆机构和数字轮组成。在汽车行驶时，由变速器输出轴齿轮啮合的软轴，驱动三对蜗轮蜗杆转动，由第三个蜗轮带动总行驶里程计数器最右边一个计数轮转动，并从右至左逐级驱动其余5个计数轮。单程计数器的右边一个计数轮由总行驶里程计数器上的右边一个计数轮通过中间齿轮驱动，并从右至左逐级驱动其余3个计数轮。两种里程计数器的任何一个计数轮转动一圈，就使其左边相邻的计数轮转动1/10圈，从而累计出行驶里程。

仪表盘上的两个计数器中，上面一个计数器共有6个计数轮，记录总行驶里程；下面一个计数器共有4个计数轮，记录短程行驶里程，按下车速表下方的复零按钮，可将短程计数器复零，如图6-3所示。

汽车停驶时，永久磁铁以及蜗轮蜗杆均停止转动，感应罩上的涡流转矩消失。在盘形弹簧作用下使转速表指针回到0位置，同时里程表也停止计数。

注意：车速里程表的示值直接受车轮半径的影响，不同半径车轮车辆的车速里程表不能替换。

②电子式车速里程表

图6-4是桑塔纳2000型轿车采用的电子式车速里程表。它由电子模块、步进电动机、机械计算器组成。电子式车速里程表从变速器后部的传感器中取得脉冲信号，通过导线输送给指示器，避免了机械式车速里程表用软轴传输转矩所带来的许多弊病，并具有精度高、指针平稳和寿命长等特点。车速表由永久磁铁、矩形塑料框内线圈、针轴、游丝组成。

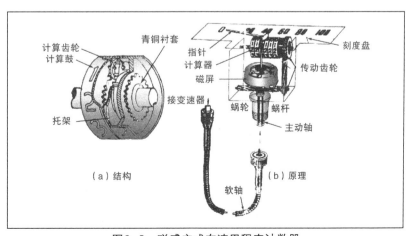

图6-3　磁感应式车速里程表计数器

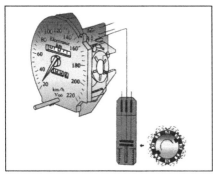

图6-4 电子式车速里程表

（2）发动机转速表

发动机转速表可用来测量发动机的曲轴转速。转速表按其结构分，可以分为机械式和电子式。现代汽车应用最广泛的是电子式转速表。比较常见的电子式转速表都是从点火系获取转速信号，图6-5是其工作原理图。

利用电容充放电的脉冲式电子转速表的电路如图6-6所示，它由断电器触点产生信号。当发动机工作时，分电器触点不断开闭，其开闭的次数与发动机的转数成正比。当触点闭合时，三极管VD_1无偏压而处于截止状态。电容C_2被充电，电流走向为：蓄电池正极→电阻R_3→电容C_2→二极管VD_3→蓄电池负极。

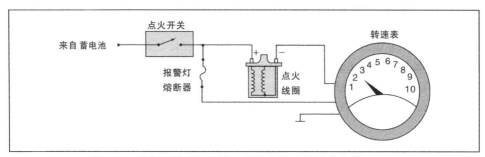

图6-5 从点火系获取转速信号的电子式转速表接线原理图

当触点闭合闭时，对电容C_2不断充放电，放电电流平均值与发动机转速成正比，通过转速表测量机构（毫安表）指示发动机的转速。

当触点断开时，三极管U_1的基极电位接近蓄电池正极而导通，此时电容C_2便通过三极管U_1、转速表测量机构M和二极管U_4构成放电电路，从而驱动转速表测量机构。

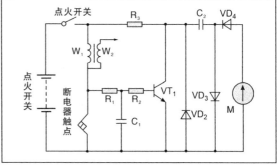

图6-6 电容充放电的脉冲式电子转速表电路

（3）冷却液温度表

冷却液温度表用来指示发动机冷却液的工作温度。由装在仪表板上的冷却液温度表和冷却液温度传感器（俗称感温塞）两部分组成。

冷却液温度表根据其配套传感器类型可分为以下几种：

①双金属式冷却液温度表和双金属式传感器。

②双金属式冷却液温度表与热敏电阻式传感器。

③电磁式冷却液温度表与热敏电阻式传感器。

④动磁式冷却液温度表与热敏式传感器四种类型。

其中双金属式冷却液温度表与双金属式传感器已趋于淘汰，因此在这里不做介绍。

冷却液温度表的作用是正确指示发动机冷却液的温度，由装在仪表板上的温度指示表与装在发动机水套上的冷却液温度传感器配合工作。

①双金属式冷却液温度表与热敏电阻式传感器

双金属式冷却液温度表、热敏电阻传感器与电源稳压器配套的原理图如图6-7所示。

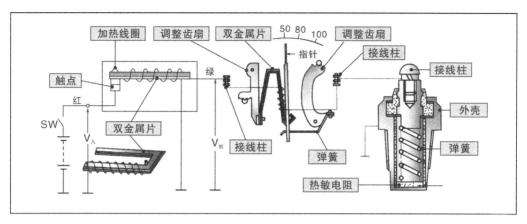

图6-7　双金属式冷却液温度表与热敏电阻式传感器

当点火开关置ON时，电流从蓄电池正极→点火开关→电源稳压器→温度表双金属片的加热线圈→传感器接线柱→热敏电阻→传感器外壳→搭铁→蓄电池负极。

当发动机冷却液温度较低时，传感器的热敏电阻阻值大，电路中电流的平均值小，温度表的双金属片弯曲变形小，指针指向低温。反之，当冷却液温度升高时，热敏电阻阻值小，电路中电流的平均值大，温度表的双金属片弯曲变形大，指针指向高温。

②电磁式冷却液温度表与热敏电阻式传感器

电磁式温度表与热敏电阻式传感器配套工作的冷却液温度表工作原理如图6-8所示。

当点火开关置ON时，左、右两线圈通电，各形成一个磁场，同时作用于软铁转子，转子便在合成磁场的作用下转动，使指针指在某一刻度上。

当冷却液温度降低时，传感器热敏电阻阻值增大，线圈2中电流变小，合成磁场逆时针转动，使指针指在低温处；反之，当冷却液温度升高时，传感器热敏电阻阻值减小，线圈2中电流增大，合成磁场顺时针转动，使指针指在高温处。

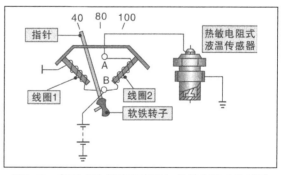

图6-8　电磁式冷却液温度表与热敏电阻式传感器

③动磁式冷却液温度表与热敏电阻式传感器

动磁式冷却液温度表结构及工作原理如图6-9所示，主要由永久磁铁、指针永久磁铁、三个电磁线圈和安装在永久磁铁上的指针所组成。

点火开关置OFF时，指针在永久磁铁作用下使指针归零。

当点火开关ON时，电流从蓄电池正极出发，一路经线圈和电阻搭铁构成回路，另一路经线圈、传感器热敏电阻搭铁构成回路。这时三个线圈各形成一个磁场同时作用于指针永久磁铁，指针永久磁铁便在合成磁场的作用下转动，使指针指在某一刻度上。液温较低时，热敏电阻阻值大，线圈中电流小，磁场弱，合成磁场使指针指在低温处。液温升高时，传感器的电阻减小，线圈中的电流增大，磁场增强，合成磁场偏移，转子带动指针转动指向高温处。

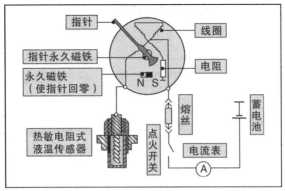

图6-9 动磁式冷却液温度表与热敏电阻式传感器

3. 指示灯的工作原理

这里主要介绍冷却液温度指示灯、充电指示灯、燃油指示灯、机油压力指示灯、制动液不足指示灯和制动器指示灯。

（1）冷却液温度过高指示灯

冷却液温度报警灯的电路如图6-10所示，冷却液正常时，传感器因感温低，双金属片几乎不变形，触点分开，报警灯不亮。如果冷却液温度升高到95℃以上时，双金属片则由于温度高而弯曲，使触点闭合，红色报警灯便通电发亮，以警告驾驶员采取适当降温措施。

（2）充电报警指示灯

此灯点亮，说明充电系统出现故障，应及时检查电气线路，查明并消除故障。如果在发动机运行时突然闪亮，应立即停车并关闭发动机，检查发电机的皮带是否松脱或断裂。如果皮带已有破损就要小心驾驶，并立即开到修理厂更换皮带，如图6-11所示。

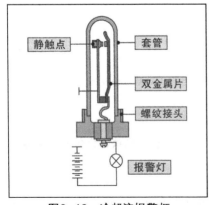

图6-10 冷却液报警灯

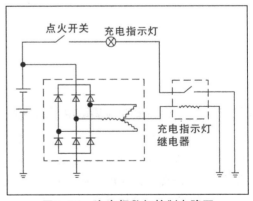

图6-11 充电报警灯控制电路图

（3）燃油指示灯

如图6-12所示，当燃油箱内燃油量多时，热敏电阻元件浸没在燃油中，散热快，其温度较低，电阻值大，报警灯处于熄灭状态。当燃油减少到规定值以下时，热敏电阻元件露出油面，散热慢，温度升高，电阻值减小，电路中电流增大，则报警灯点亮，提醒驾驶员及时加油。

（4）机油压力指示灯

东风EQ1090型载货汽车装用的弹簧管式机油压力报警灯的电路如图6-13所示。它由装在发动机主油道的弹簧管式传感器和装在仪表板上的红色报警灯组成。传感器为盒形，内有管形弹簧，它的一端经管接头与润滑系主油道相通，另一端固定着动触点，静触点经接触片与接线柱相连。

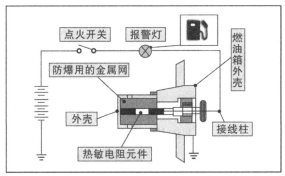

图6-12　热敏电阻式存油量报警灯

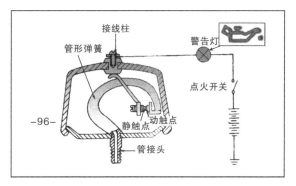

图6-13　弹簧管式机油压力报警灯

当机油压力低于6~10kPa时，弹簧管变形很小，触点闭合，接通电路，使报警灯点亮，警告驾驶员机油压力不正常。当机油压力超过6~10kPa时，弹簧管变形很大，使触点分开，切断电路，报警灯熄灭，说明润滑系工作正常。

（5）制动液不足指示灯

制动液面报警灯开关装在制动主缸的储液罐内，如图6-14所示。外壳的外面套装着浮子，浮子上固定有永久磁铁，外壳内部装有舌簧开关，舌簧开关的两个接线柱与报警灯和电源相连，当制动液面在规定值以上时，浮子浮在靠上的位置，永久磁铁的吸力不足，舌簧开关在自身的弹力作用下保持断开的状态；当制动液面下降到一定值时，浮子位置下降，舌簧开关在永久磁铁吸力作用下闭合，报警灯点亮。

（6）制动器摩擦片使用极限指示灯

制动器摩擦片使用极限报警灯的作用是当制动器摩擦片磨损到使用极限厚度时，发出报警信号，表示制动器摩擦片需要更换。

如图6-15所示为制动器摩擦片使用极限报警灯控制电路。将一段导线埋在制动器摩擦片内部，该导线与组合仪表中的电子控制器相连，当制动器摩擦片没有到使用极限时，电子控制器中的晶体管基极电位为低电位，晶体管截止，制动器摩擦片使用极限报警灯不亮；当制动器摩擦片到使用极限时，制动器摩擦片中埋设的导线被磨断，电子控制器中的晶体管基极电位为高电位，晶体管导通，制动器摩擦片使用极限报警灯亮。一般情况下，制动器摩擦片使用极限报警与制动液不足报警共用一个报警灯。

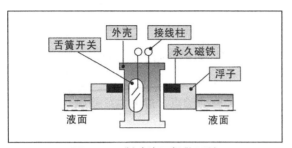

图6-14 制动液面报警开关

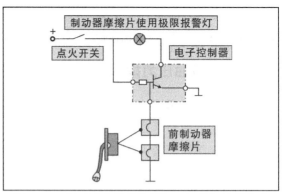

图6-15 制动器摩擦片使用极限报警灯控制电路

4. 发光二极管（LED）

（1）发光二极管（LED）

发光二极管简称LED，是由镓（Ga）与砷（AS）、磷（P）的化合物制成的二极管，当电子与空穴复合时能辐射出可见光，因而可以用来制成发光二极管，实物和结构如图6-16所示。

其在电路及仪器中作为指示灯，或者组成文字或数字显示。磷砷化镓二极管发红光，磷化镓二极管发绿光，碳化硅二极管发黄光。在实际应用中，常把它焊接到印制电路板上，以形成数字显示或带色光杆显示，如图6-17所示。图6-18所示为用七只发光二极管组成的数码显示装置。有些仪表则用发光二极管所组成的光点矩阵型显示器，如图6-19所示。

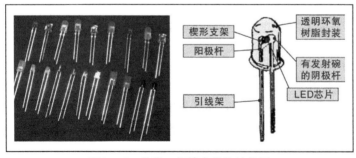

图6-16 发光二极管实物和结构图

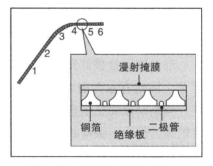

图6-17 发光二极管光杆显示

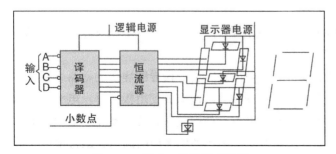

图6-18 发光二极管数码显示

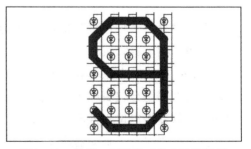

图6-19 发光二极管组成的点阵显示器

（2）真空荧光管（VFD）

VFD是最常用的发光型显示器，其结构如图6-20所示。

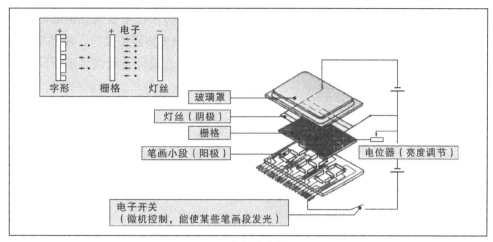

图6-20 真空荧光管及显示屏

钨灯丝为阴极，接电源负极；涂有荧光物质的屏幕为阳极，接电源正极，其上制有若干字符段图形，每个字符段由电子开关单独控制通电状态；栅格置于灯丝和屏幕之间；整个装置密封在被抽真空的玻璃罩内。图示为汽车用的数字式车速表的真空荧光显示屏，可显示三位数字。其阳极为20个字形笔画小段，上面涂有荧光体（或磷光体），各与一个接线柱相接，且笔画内部相互连接。其阴极为灯丝，在灯丝与笔画小段（阳极）之间插入栅格，其构造与一般电子管相似。整个装置密封在一个被抽空了的玻璃罩内。

真空荧光管的工作原理如图6-21所示，当阴极钨灯丝通电时，灯丝发热，释放电子，电子被电位较高的栅格吸引，并穿过栅格，均匀地打在电位最高的屏幕字符段上。凡是由电子开关控制通电的字符段受电子轰击后发亮，而未通电的字符段发暗。这样通过控制字符段通电状态，就可显示不同的数字。

（3）液晶显示（LCD）

LCD是最常用的非发光型显示器，其结构如图6-22所示。前玻璃板和后玻璃板之间加有一层液晶，外表面贴有垂直偏光镜和水平偏光镜，最后是反光镜。

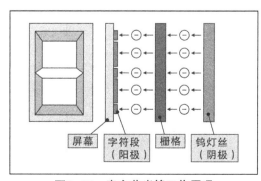

图6-21 真空荧光管工作原理

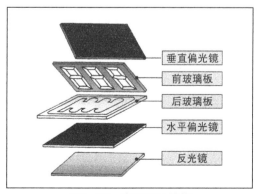

图6-22 液晶显示结构

当液晶不加电场时，液晶的分子排列方式可将来自垂直偏光镜的垂直方向的光波旋转90°，再经水平偏光镜后射到反光镜上，经反射后按原路回去，这时透过垂直偏光镜看液晶时，液晶呈亮的状态，如图6-23（a）所示。

当液晶加一电场时，液晶的分子排列方式改变，不能将来自垂直偏光镜的垂直方向的光波旋转，不能通过水平偏光镜达到反光镜，这时透过垂直偏光镜看液晶时，液晶呈暗的状态。这样将液晶制成字符段，通过控制每个字符段的通电状态，就可使液晶显示不同的字符，如图6-23（b）所示。

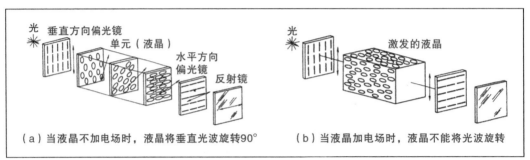

图6-23 液晶显示器（LCD）的工作原理

5. 仪表装置常见故障与排除

（1）燃油表、冷却液温度表、机油压力表常见故障诊断与排除

在所有汽车仪表电路中，大部分都配有电源稳压器，而且不论是电磁式仪表还是电热式仪表，又都配有传感器。这样，在仪表故障中，若两个或两个以上仪表同时不工作，应先检查仪表熔丝和电源稳压器是否有故障；若单个仪表不工作，应首先确定故障是在传感器还是在仪表。

①单个仪表不工作

首先检查传感器的接线是否完好，如正常，可将传感器的接线断开，用万用表检测传感器的接线是否有电。如没有电，应检查传感器到仪表及蓄电池的电路；如有电，以燃油表为例，检测方法如图6-24所示。

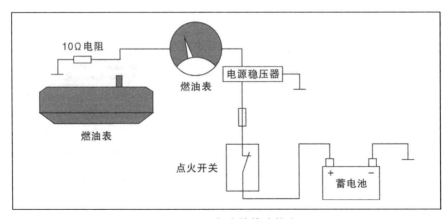

图6-24 仪表的故障检查

●用10Ω的电阻代替传感器，一端接到传感器的接线上，另一端直接搭铁。点火开关打到ON，观察仪表。如果指针摆动，说明传感器有故障（不要将传感器的接线直接搭铁，否则易烧坏仪表），需要更换传感器。

●仪表准确的工作情况，可参照维修手册。如以奥迪车燃油表为例，用变阻器代替传感器，当阻值为40Ω时，指针指示为1；当阻值为78Ω时，指针指示为1/2;当阻值为283Ω时，指针指示为0。如果检测结果与上述相符，传感器有故障，应更换；否则，仪表有故障，应更换。

②两个或两个以上仪表同时不工作

当两个或两个以上仪表同时不工作时，应检查仪表熔丝和电源稳压器，如图6-25所示。若仪表熔丝正常，应检查电源稳压器。以奥迪车为例，如图6-26所示，测量输出端3与搭铁端2之间的电压，电压表读数应在9.75～10.25V，否则更换稳压器；测量输入端1与搭铁端2之间的电压，电压表的读数应为电源电压，否则检修电路。

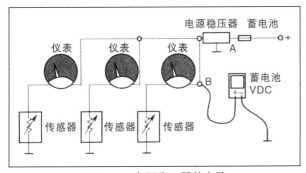

图6-25　电源稳压器的电路

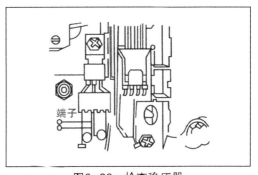

图6-26　检查稳压器

（2）车速里程表常见故障诊断与排除

车速里程表一般有机械式的和电子式的。检测时可将车举起，起动发动机，将变速器挂上挡，使驱动轮运转，观察转速表的工作情况。检测时注意发动机的转速不要过高，以免有损差速器。

①机械式车速里程表故障诊断与排除

机械式车速里程表常见故障有噪声、指针抖动或不工作。

●噪声故障

一般是软轴（里程表线）缺油，须将软轴拆下，进行清洗，加润滑油。但最好是更换软轴。特殊情况，若表头中的表轴磨损，使铝杯与磁铁相碰，发出噪声，须更换表头。

●车速里程表不工作、读数不准或抖动故障

首先检查软轴与其他线束是否有交错挤压的现象，如果有上述情况，先将软轴正确归位；检查变速器输出轴驱动小齿轮的磨损情况，软轴与驱动小齿轮的啮合间隙，如果不符，应更换；检查表头内蜗轮与蜗杆的间隙，过大可调整。

②电子式车速里程表故障诊断与排除

电子式车速里程表的常见故障是不工作。原因是传感器坏或线束、仪表等有故障。

以奥迪车为例，电子式车速里程表传感器位于变速器壳体左侧。

● 断开仪表装置线束连接器，连接器有26个端子，如图6-27所示。

● 将汽车举起，断开传感器的线束连接器，变速器置于空挡，用手转动左前轮。

● 用万用表测量端子4和10之间的电阻，电阻值应在0～∞之间变化。否则，检修线路或更换车速传感器。

（3）发动机转速表常见故障诊断与排除

以桑塔纳轿车为例，发动机转速表的常见故障是不工作。原因是线路或仪表本身有故障。检查方法如下：

①检查点火线圈"—"接线柱是否接触良好。

②检查转速表后面的黑色三孔插座是否接触良好。

③用万用表检查三孔插座的工作状况，如图6-28所示。若a插孔搭铁不良，检查仪表线束连接器白色14孔插座中的棕色导线是否接地；若b插孔在点火开产关打到ON时无电压，应检查仪表线束连接器黑色14孔插座中的黑色导线是否有电源电压；若c插孔在点火开关打到ON时无电压，检查仪表线束连接器白色14孔插座中的红/黑导线是否与点火线圈"—"接线柱接触良好。

如果转速表后面的黑色三孔插座线束经检查全部正常，则故障在转速表本身，应更换转速表。

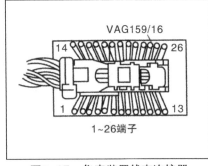

图6-27 仪表装置线束连接器

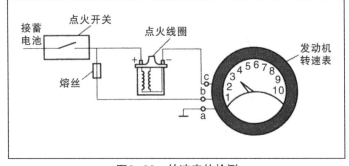

图6-28 转速表的检测

6. 汽车警报装置

（1）报警装置的类型、作用及图形符号

①报警灯的类型

现代汽车为了保证行车安全、提高车辆的可靠性，在汽车仪表板上安装了许多报警装置，如机油压力报警灯、冷却液温度报警灯、燃油不足报警灯、制动液液面过低报警灯、充电系统故障报警灯，增加了EPC（电子油门系统）、轮胎压力报警灯、电动助力转向指示灯、定速巡航指示灯、TCS（牵引力控制系统）、ASR（驱动防滑系统）、VSC（车辆稳定控制）或ESP（车身电子稳定系统）等报警灯。

汽车报警装置一般有机油压力报警装置、冷却液温度报警装置、燃油量报警装置、制动系统报警装置、制动蹄片磨损报警装置等。

②**报警灯的作用**

报警灯由报警开关控制，当被监测的系统或总成工作不正常时，对应的报警开关闭合，使该系统的报警灯亮，以提醒驾驶人注意，采取相应的措施，确保行车安全。

③**报警装置的图形符号**

现代汽车多数采用发光二极管作为报警灯光源，其优点是结构简单、寿命长、耗电少、易于识别等。报警灯通常安装在仪表上，灯泡功率一般为1～4W，在灯泡前设有滤光片，使报警灯发出红光或黄光，滤光片上通常有标准图形符号。常见的报警灯图形符号见表6-2。

表6-2　常见报警灯图形符号及含义

序号	图形	名称	灯亮时的说明
1	CHECK	发动机故障指示灯	发动机电控系统异常时，该灯点亮或闪烁
2	EPC	电子油门故障指示灯	发动机电子油门系统异常时，该灯点亮或闪烁。EPC（Electronic Power Control，电子动力控制系统，常称电子油门系统）指示灯常见于德国大众车系
3		预热指示灯	点火开关打开时灯亮，预热结束后灯灭
4		防盗指示灯	发动机防盗系统异常时，灯亮
5		充电指示灯	发电机不发电时，灯亮
6		转向指示灯	开转向灯时，灯亮
7		冷却液温度指示灯	冷却液温度过高时，灯亮
8		机油压力指示灯	机油压力过低时，灯亮
9		制动蹄片磨损指示灯	制动蹄片磨损超限时，灯亮
10		车门未关指示灯	任一车门未关或未关严时，灯亮
11		风窗清洗液液位指示灯	风窗清洗液液位不足时，灯亮
12		后备厢开启指示灯	后备厢开启时，灯亮
13		燃油量指示灯	燃油量过少时，灯亮或闪烁
14		安全带指示灯	安全带未扣紧或安全带锁扣未插到位时，灯亮
15	ABS	ABS指示灯	ABS系统异常时，灯亮或闪烁

续表

序号	图形	名称	灯亮时的说明
16		TCS、ASR或ESP指示灯	TCS（牵引力控制系统）、ASR（驱动防滑系统）或ESP（车身电子稳定系统）异常时，灯亮或闪烁
17		驻车制动器指示灯	拉起驻车制动器时，灯亮；在一些车型（如德国大众车系）中，该灯兼作制动液液位过低报警指示灯
18		驻车制动警示灯	打开点火开关，该灯才起作用。拉上手制动，该灯将保持点亮
19		定速巡航指示灯	有两种状态，当处于巡航待命状态时，指示灯闪烁，当处于巡航状态时，指示灯保持常亮
20		电动助力转向指示灯	电动助力转向系统异常时，灯亮或闪烁
21		远光指示灯	远光灯点亮和熄灭时，该灯同时点亮和熄灭
22		后雾灯指示灯	后雾灯点亮和熄灭时，该灯同时点亮和熄灭
23		雾灯指示灯	前、后雾灯点亮时，该指示灯相应的标志就会点亮。关闭雾灯后，指示灯熄灭
24		示宽指示灯	用来显示车辆示宽灯的工作状态，平时为熄灭状态，当示宽灯打开时，该指示灯随即点亮。当示宽关闭或者关闭示宽灯打开大灯时，该指示灯自动熄灭
25		后窗加热器指示灯	后窗加热器工作时，灯亮
26		安全气囊指示灯	安全气囊异常时，灯亮
27		发动机舱盖未关指示灯	发动机舱盖未关或未关严时，灯亮
28		维护保养指示灯	当里程表公里数累计达到预设置的里程（5000km）时，该报警指示灯亮起，提醒用户进行整车保养维护
29		空调内循环指示灯	当打开空调系统内循环按钮，车辆关闭外循环时，该指示灯自动点亮
30		油箱盖开启报警灯	油箱盖开启或未关严时，灯亮
31		轮胎压力报警灯	轮胎压力异常时，灯亮
32	O/D OFF	O/D指示灯	当驾驶人按下自动变速器超速挡锁止开关时，该灯点亮；若电控自动变速器异常，该灯点亮或闪烁
33	VSC	VSC指示灯	VSC（车辆稳定控制）系统异常时，灯亮或闪烁。常见于日本丰田车系和德国大众车系

（2）组合仪表报警灯的结构与工作原理

①机油压力报警灯的结构与工作原理

在一些汽车上，除了装有机油压力表外，还装有机油压力过低报警灯。每当润滑系统机油压力低于允许值时，报警灯亮，以引起驾驶人注意。而且机油压力报警灯越来越普及，在许多车型上，已将机油压力表取消，只用机油报警灯监测润滑系统的工作情况。

●弹簧管式机油压力报警开关

如图2-29所示，机油压力过低报警灯电路由安装在发动机主油道的弹簧管式报警开关和安装在仪表板上的红色报警灯组成。其报警灯开关内有一管形弹簧，管形弹簧的一端与主油道相通，另一端有一对触点，固定触点经连接片与接线柱相接，活动触点经外壳搭铁。

当机油压力低于允许值时，管形弹簧向内弯曲，触点闭合，报警灯亮，以示警告；当机油压力正常时，管形弹簧产生的弹性变形量大，使触点分开，报警灯熄灭，以示机油压力正常。

●膜片式机油压力报警开关

如图2-30所示为膜片式机油压力报警开关控制报警灯的电路图。当机油压力正常时，机油压力推动膜片向上拱曲，推杆将触点打开，报警灯熄灭；当机油压力低于允许值时，膜片在弹簧压力作用下向下移动，从而使触点闭合，报警灯亮，以示警告。

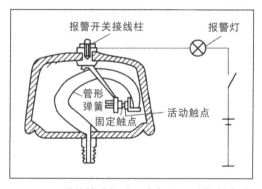

图6-29　弹簧管式机油压力报警开关控制电路

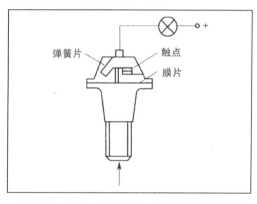

图6-30　膜片式机油压力报警开关控制电路

②冷却液温度报警灯的结构与工作原理

在汽车上除了装有冷却液温度表外，还装有冷却液温度报警灯，每当水温过高越过允许值时，红色报警灯亮，以示警告。

如图2-31所示为冷却液温度报警灯控制电路，其报警开关为双金属片式温度开关。

当冷却液温度正常时，双金属片几乎不变形，触点分开，报警灯不亮；当冷却液温度超过允许值时，双金属片由于温度升高而弯曲变形，使触点闭合，报警灯亮，以示警告。

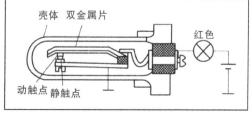

图6-31　冷却液温度报警灯控制电路

③燃油不足报警灯的结构与工作原理

在汽车上除了装有燃油表外，还装有燃油不足报警灯，每当燃油少于规定值时，红色报警灯亮，以提醒驾驶人注意加油，尤其是油箱中有电子汽油泵的车辆，燃油过少，汽油泵得不到冷却，易损坏。

图6-32所示为热敏电阻式报警开关控制电路。其报警开关为热敏电阻式，装在油箱内。当油箱内燃油量多时，负温度系数的热敏电阻浸在油中，散热快，温度低，电阻值大，因此电路中几乎没有电流，报警灯不亮；当燃油减少到规定值以下时，热敏电阻元件露出油面，散热慢，温度升高，电阻值减小，电路中电流增大，报警灯亮，提醒驾驶人注意加油。

④制动液不足报警灯的结构与工作原理

制动液不足报警灯的作用是当制动液液面过低时，发出报警信号，以提醒驾驶人注意。制动液不足报警装置由报警开关和报警灯组成。报警开关安装在制动总泵液罐内，此报警开关适用于冷却液、挡风玻璃清洗液等液面过低报警灯的控制电路，区别仅在于报警开关安装位置不同。

如图6-33所示为制动液不足报警灯控制电路。当制动液充足时，浮子的位置较高，此时永久磁铁高于舌簧开关的位置，舌簧开关处于断开状态，报警灯不亮；当浮子随着制动液液面下降到规定值以下时，永久磁铁便接近了舌簧开关，使舌簧开关触点闭合，报警灯电路导通，报警灯亮。

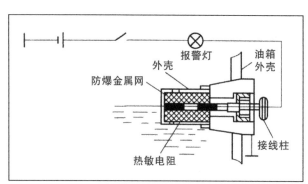

图6-32　热敏电阻式报警开关控制电路

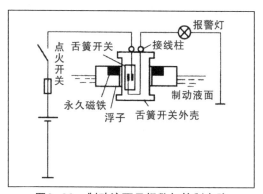

图6-33　制动液不足报警灯控制电路

⑤制动器摩擦片使用极限报警灯的结构与工作原理

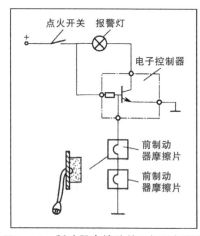

图6-34　制动器摩擦片使用极限报警灯

制动器摩擦片使用极限报警灯的作用是当制动器摩擦片磨损到使用极限厚度时，发出报警信号，表示制动器摩擦片需要更换。

如图6-34所示为制动器摩擦片使用极限报警灯控制电路。将一段导线埋在摩擦片内部，该导线与组合仪表中的电子控制器相连，当摩擦片没有到使用极限时，电子控制器中的三极管基极电位为低电位，三极管截止，报警灯不亮；当摩擦片到使用极限时，摩擦片中埋设的导线被磨断，电子控制器中的三极管基极电位为高电位，三极管导通，报警灯亮。一般情况下，制动器摩擦片使用极限报警灯与制动液不足报警灯共用一个报警灯。

⑥制动灯线路故障报警灯的结构与工作原理

由于制动灯对于行车安全极为重要，而驾驶人在开车过程中，又很难发现制动灯有故障，这样在一些车辆中，设置了制动灯电路故障报警灯。

如图6-35所示为美国GM公司采用的制动灯线路故障报警灯控制电路。在正常情况下，踩下制动踏板，制动灯开关接通，电流经左右两电磁线圈到制动信号灯。此时两线圈所产生的磁场相互抵消，舌簧开关的触点继续处于常开状态，报警灯不亮；当左右两个制动信号灯有一个灯泡坏了，或者线路有断路的情况，则有故障一侧的电磁线圈将不产生磁场，而另一侧的电磁线圈产生磁场，舌簧开关中的触点将闭合，报警灯亮，提醒驾驶人制动灯线路有故障。

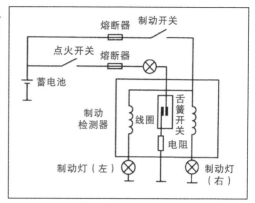

图6-35 美国GM公司采用的制动灯线路故障报警灯控制电路

⑦制动系统故障报警灯的结构与工作原理

如图6-36所示为制动系统故障报警灯控制电路。其原理是在双管路制动总泵的油管路之间并联一个差动阀。当两管路制动正常时，差动阀柱塞处于中间位置，报警开关的触发杆处于柱塞凹槽内，报警灯不亮。当制动系统任何一侧管路压力降低时，差动阀柱塞将受液压强迫移动。差动阀移动时，报警开关的触发杆被顶起，报警开关触点闭合，报警灯亮。

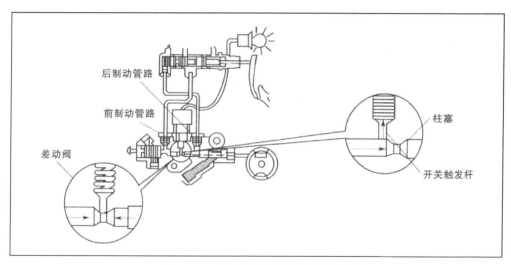

图6-36 制动系统故障报警灯控制电路

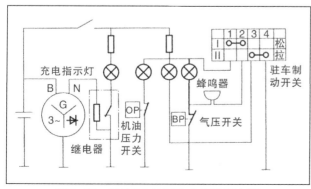

图6-37 解放CA1092汽车报警灯电路

⑧白炽灯泡型报警灯电路控制工作原理

一般汽车普遍采用白炽灯泡作为报警灯光源。如解放CA1092型汽车报警电路如图6-37所示。接通点火开关ON挡时，充电指示灯、机油压力过低报警灯亮。当发动机起动后，充电指示灯和机油压力过低指示灯熄灭。驻车制动器指示灯在驻车制动器拉杆拉紧时发亮，在拉杆放松时熄灭。制动气压过低时，气压过低报警灯亮，此时若松开驻车制动器拉杆，制动气压过低报警蜂鸣器发出鸣叫声，提醒驾驶人气压过低时起步有危险。

⑨发光二极管型报警灯电路控制工作原理

桑塔纳、捷达等轿车采用发光二极管作为报警灯光源。电路较白炽灯泡型报警灯复杂，一般增设保护电阻、电子控制器等元件。如图6-38所示为桑塔纳普通型轿车报警灯电路。

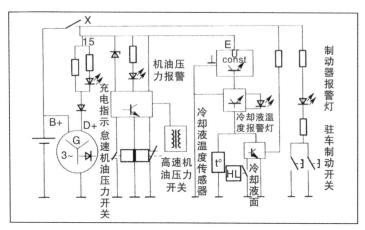

图6-38　桑塔纳轿车报警灯电路

油压报警灯由汽缸盖上的低压油压开关、机油滤清器支架上的高压油压开关及仪表板内的电子控制器控制。接通点火开关ON挡，充电指示灯亮，油压报警灯亮但蜂鸣器不响。发动机发动后，充电指示灯和油压报警灯熄灭。若急速时油压小于0.03MPa，油压报警灯亮，表示油压过低；若转速到2000r/min油压小于0.18MPa，报警灯亮且蜂鸣器叫，表示高速时油压过低。

水温过高报警灯由水温传感器和冷却液液面过低报警开关控制。接通点火开关ON挡，冷却液温度报警灯应闪烁5s后自动熄灭。当膨胀水箱冷却液液面过低或水温高于115℃，冷却液温度报警灯闪烁。

制动器报警灯由驻车制动开关和制动液液面开关控制，拉起驻车制动拉杆，报警灯亮；制动液液面过低报警灯亮。

任务二 辅助电器

一、任务分析

汽车辅助电器包括电动车窗、电动天窗、雨刮洗涤系统、电动座椅、电动后视镜等。通过学习汽车辅助系统的作用、类型、组成、结构、工作原理及电路图分析，掌握辅助电器系统检修、调整及检测方法。通过故障分析，确定故障诊断流程，并掌握汽车辅助电气系统故障诊断方法。

二、相关知识

1. 电动车窗的构造和工作原理

（1）电动车窗的作用与组成

电动门窗可以使驾驶员更加集中精力驾车，方便驾驶员及乘客的操作。驾驶员操作时，可以使四个车窗中的任意一个上升或下降，乘员只能使所在的车窗上升或下降。

电动车窗主要由车窗升降器、电动机、继电器、开关等组成。车窗升降器主要有钢丝滚筒式升降器（图6-39）、齿扇式升降器（图6-40）及齿条式升降器等。

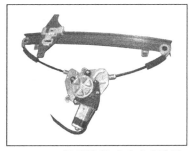

图6-39 钢丝滚筒式玻璃升降器

图6-40 齿扇式玻璃升降器

（2）电动车窗电路的工作原理

不同车型所采用的电动车窗的电动机及其控制电路各不相同。电动机可分成直接搭铁式和控制搭铁式两种。

①直接搭铁式

电动机的一端直接搭铁，电动机内部有两组磁场线圈。通过接通不同的线圈，使电动机的转向不同，实现车窗的上升和下降动作，其控制电路如图6-41所示。

●驾驶员主控开关控制右前车窗上升时电流走向如图6-42所示。

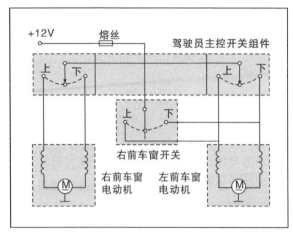

图6-41　用双绕组串励式电动机的电动车窗控制电路

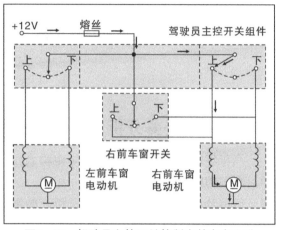

图6-42　驾驶员主控开关控制右前车窗上升

●独立操作开关控制右前车窗下降时电流走向如图6-43所示。

②控制搭铁式

电动车窗的电动机结构简单，开关和控制线路复杂一些，在实际当中应用较广泛，其基本控制电路如图6-44所示。

●驾驶员主控开关控制左后车窗上升时电流走向如图6-45所示。

●独立操作开关控制左后车窗下降时电流走向如图6-46所示。

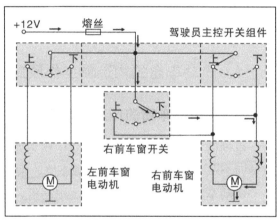

图6-43　右前门独立开关控制右前车窗下降

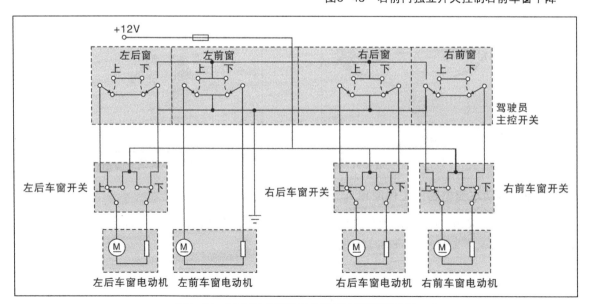

图6-44　用永磁式电动机的电动车窗控制电路

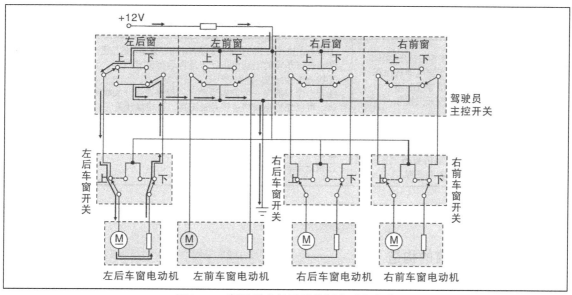

图6-45 驾驶员主控开关控制左后窗上升

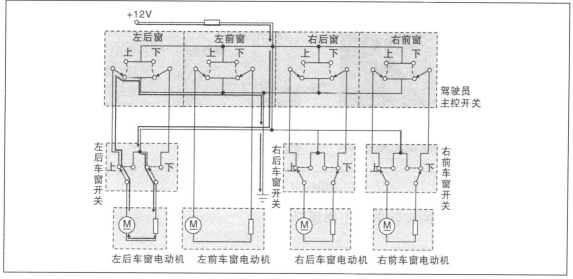

图6-46 独立操作开关控制左后窗下降

（3）电动车窗常见故障检修

电动车窗常见故障有：所有车窗均不能升降、部分车窗不能升降或只能向一个方向运动、电动车窗有异响等，见表6-3。

表6-3 电动车窗常见故障检修

故障现象	故障原因	维修思路
所有车窗均不能升降	①熔断器断路 ②线路断路，接触不良 ③主控开关损坏 ④直流电动机损坏 ⑤搭铁点锈蚀、松动	①检查熔断器是否断路 ②若熔断器良好，则应将点火开关接通，检查点火开关接线柱上的电压是否正常，如电压为零，则应检查电源线路；电压正常，则应检查搭铁线是否良好 ③若搭铁不良，应清洁、紧固搭铁线；若搭铁良好，应对主控开关、直流电动机进行检查

续表

故障现象	故障原因	维修思路
部分车窗不能升降或只能向一个方向运动	①该车窗按键开关损坏 ②该车窗电动机损坏 ③连接导线断路 ④主控开关损坏	①检查主控开关中的安全开关是否正常，该车窗的按键开关工作是否正常 ②检查该车窗的电动机正反转是否运转稳定 ③检查连接导线 ④若车窗只能向一个方向运动，一般是按键开关故障或部分线路断路或接错，可以先检查线路连接是否正常，再检修开关
电动车窗有异响	①传动机构调整不当 ②卷丝筒内铜丝绳脱槽 ③电动机盖板或固定架与车窗玻璃碰擦	①检查调整各部件连接情况 ②检查调整钢丝绳的位置 ③检查安装支架弧度是否正确

2. 电动天窗的构造和工作原理

（1）电动天窗的构造

电动天窗的分解图如图6-47所示。

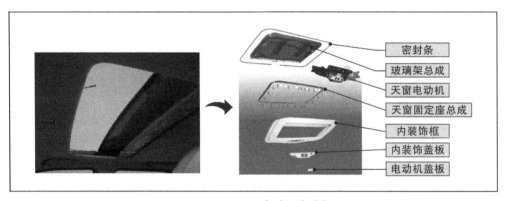

图6-47　电动天窗分解图

（2）电动天窗的控制电路工作原理

电动天窗的控制电路如图6-48所示。

①天窗打开

当接通点火开关且天窗开关按至"OPEN"位置时，电流信号从天窗开关送到天窗继电器，这时天窗限位开关No.2接通，继电器工作，电动机运转，打开天窗。

②天窗关闭

接通点火开关，天窗完全打开且限位开关No.1和限位开关No.2均接通时，当天窗开关被按至"CLOSE"位置时，电流信号从天窗开关送到天窗继电器，继电器工作，电动机运转，关闭天窗。

当天窗限位开关No.1断开，限位开关No.2接通，且天窗在全闭位置前100mm位置时，电流信号从限位开关No.1输送给天窗继电器，使继电器工作，控制天窗停在该位置。

为了彻底关闭天窗，重新把天窗开关按在"CLOSE"位置，使继电器工作，只要按着天窗开关，天窗则完全关闭。

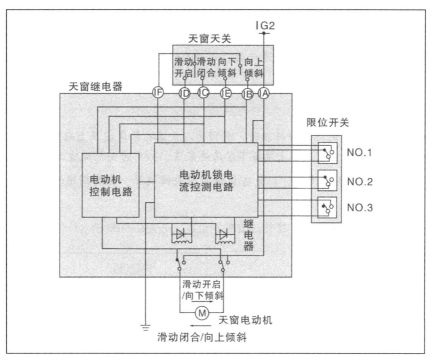

图6-48 电动天窗的控制电路

（3）电动天窗常见故障检修

电动车窗的故障检修见表6-4。

表6-4 电动车窗故障检修表

故障现象	故障原因	维修思路
电动车窗不工作	①控制开关损坏 ②熔丝断开 ③保护器损坏 ④线路断路，接触不良 ⑤直流电动机损坏 ⑥传动装置脱开	①检修控制开关 ②检查、更换同标准的熔丝 ③用短接法检查双金属片的工作情况 ④用仪表检查连接线路 ⑤检修直流电动机 ⑥检查、更新连接传动装置部件
电动车窗有异响	①传动机构调整不当 ②卷丝筒内铜丝绳脱槽 ③电动机盖板或固定架与车窗玻璃碰擦	①检查调整各部件连接情况 ②检查调整钢丝绳的位置 ③检查安装支架弧度是否正确
电动车窗发卡、阻滞	①导轨凹部有异物 ②导轨变形 ③直流电动机故障 ④钢丝绳生锈磨损	①排除异物 ②恢复原有形状 ③检修直流电动机 ④更换钢丝绳

3. 雨刮器/洗涤器系统的构造和原理

（1）雨刮器/洗涤器系统的组成

①雨刮器

雨刮器的作用是除去挡风玻璃上的水、雪及沙尘，保证在不良天气时驾驶员仍具有良好的视线。

雨刮器主要由雨刮电动机总成、雨刮器连杆和雨刮器片组成，如图6-49所示。电动机总成运转带动雨刮器连杆做往复运动，雨刮器连杆最后带动雨刮器片摆动，刷去风窗玻璃上的雨水、雪和灰尘。

②洗涤器

汽车在风沙或尘土较多的环境中行驶时，会因为灰尘落在挡风玻璃上而影响驾驶员的视线。因此为了清除挡风玻璃上的灰尘，汽车上装备了了清洗装置，必要时向挡风玻璃喷水或专用清洗液。

注意： 北方地区冬季不宜用水，以免冻裂储液罐或输液管，在雨刷器的配合下，保持挡风玻璃洁净。

洗涤器主要由储液箱、洗涤泵、软管与喷嘴等组成，如图6-50所示。

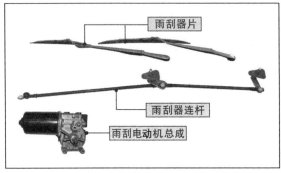

图6-49　雨刮器结构图

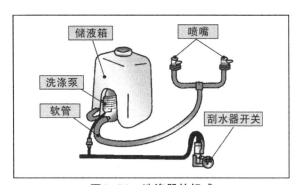

图6-50　洗涤器的组成

储液箱由塑料制成，内装有用水、酒精或洗涤剂等配制的清洗液。洗涤泵俗称喷水电动机，由直流电动机和离心泵组成，其作用是将清洗液加压，通过软管和喷嘴喷洒到挡风玻璃表面。

（2）雨刮器/洗涤器系统的工作原理

现代汽车通常利用控制电路（图6-51），使刮水器能够根据驾驶员的需要，进行间歇、慢速、高速以及短时刮水。下面将电动雨刮器及洗涤器的控制电路简单介绍一下。

点火开关打开之后，X线得电，卸荷继电器线圈得电工作，通过卸荷继电器的触点，控制线路与电源接通。

①"Ⅰ"挡

当雨刮器开关拨到"Ⅰ"挡位时，间歇控制器工作，使雨刮器慢速、间歇式刮水，间歇时间约为5s。在雨刮器不工作时，通过再生发电制动，电动机带动雨刮器停在风窗玻璃下方。

②"1"挡

当雨刮器开关拨到"1"挡时，间歇控制器不工作，雨刮器电动机低速工作。

③"2"挡

当雨刮器开关拨到"2"挡时，雨刮器电动机形成一个偏转的磁场，电动机高速运转，雨刮器高速刮水。

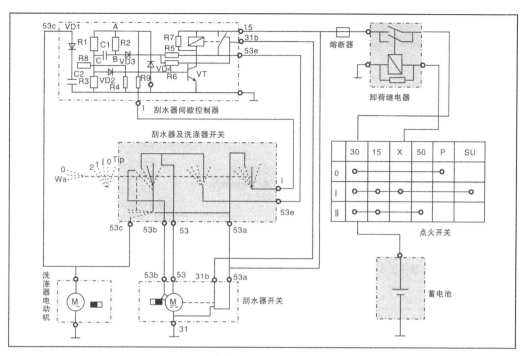

图6-51　电动雨刮器及洗涤器控制电路

④"Tip"挡

当雨刮器开关拨到"Tip"挡时，由于该挡位不能锁定，所以，开关拨到该挡，雨刮器慢速工作。松开开关，雨刮器断电，在电动机的再生发电制动作用下，电动机带动雨刮器停在风窗玻璃下方。

⑤"Wa"挡

当雨刮器开关拨到"Wa"挡时，同时接通洗涤器和雨刮器电路，使洗涤器向风窗玻璃喷洗涤剂，同时，雨刮器慢速工作，刮除风窗玻璃上的洗涤剂和污垢。由于该挡位不能锁定，所以，松开开关后，洗涤器和雨刮器均停止工作，在电动机的再生发电制动作用下，电动机带动雨刮器停在风窗玻璃下方。

（3）雨刮器与洗涤器系统常见故障检修

①雨刮器常见故障检修

雨刮器故障检修见表6-5。

表6-5　刮水器故障检修表

故障	故障现象	故障原因	故障诊断与排除
刮水器电动机不转	当点火开关置于点火位置时，将雨刮器开关设在慢、快及间歇挡时，雨刮器电动机均不转	①雨刮器电动机电源线路断路 ②卸荷继电器、点火开关及雨刮器开关接触不好 ③雨刮器电动机失效	①查雨刮器电动机电源线路是否断路 ②检查电动机绕组是否内部断路 ③检查雨刮器开关及卸荷继电器是否工作正常

续表

故障	故障现象	故障原因	故障诊断与排除
雨刮器无慢速工作挡	接通点火开关，将雨刮器开关置于慢速挡位置，刮水器不转	①雨刮器开关损坏 ②卸荷继电器损坏 ③雨刮器电动机慢速挡工作线路故障 ④熔丝断或线路中有短路处	①检查雨刮器继电器（8号位置）及S5熔丝是否正常 ②检查雨刮器电动机插头中绿线是否有电 ③检查雨刮器开关工作是否正常 ④检查雨刮器电动机
雨刮器快速挡不工作	接通点火开关及雨刮器快速挡，刮水片不动	①雨刮器开关失效 ②雨刮器电动机故障 ③雨刮器快速挡线路故障 ④卸荷继电器失效	①检查中央继电盘4号位置的卸荷继电器及S5熔丝是否工作正常 ②检查雨刮器开关 ③检查雨刮器快速挡工作线路是否有断路或接触不良
雨刮器无间歇挡	接通点火开关及雨刮器间歇挡，雨刮器不工作	①雨刮器开关失效 ②雨刮器继电器或卸荷继电器失效 ③雨刮器电动机失效 ④雨刮器间歇挡线路故障	①检查S5熔丝、雨刮器继电器及卸荷继电是否工作正常 ②检查雨刮器间歇挡线是否有断路，或接触不良处 ③检查雨刮器电动机 ④检查雨刮器开关
雨刮器无自动停位功能	在雨刮器电动机慢速、快速、间歇、短时工作时，将雨刮器开关板到停位，雨刮器刮水片不能自动停位在原来位置	①雨刮器开关的停位触点损坏 ②减速器蜗轮输出轴背面的自动停位导电片和减速器盖板上的导电触点损坏	①检查雨刮器开关的停位触点，若损坏则更换 ②检查蜗轮输出轴背面的自动停位导电片和减速器盖板上的导电触点。若损坏，则更换

②洗涤器常见故障检修

电动洗涤器检修见表6-6。

表6-6　电动洗涤器故障检修表

故障现象	故障原因	维修思路
电动洗涤器不工作	①控制开关损坏 ②电动洗涤泵损坏 ③喷嘴堵塞严重 ④电动洗涤泵线路断开	①检修控制开关 ②检修电动洗涤泵 ③用钢丝疏通 ④检查、连接电动洗涤泵线路
电动洗涤器不工作，但喷射压力低	①电动洗涤泵工作不正常 ②喷嘴堵塞 ②软管堵塞或泄漏	①检修电动洗涤泵 ②用钢丝疏通 ③疏通或更换软管

4. 电动座椅

（1）电动座椅的组成

为了提高汽车乘坐的舒适性，减小驾驶或长时间乘车的疲劳，现代轿车都安装有电动座椅调整装置。

电动座椅由座椅开关、电动机、传动装置等组成；一般电动座椅使用三个电动机实现座椅六个不同方向的调节，即前、后、上、下、前倾、后倾（图6-52）。现代轿车调节功能增多，出现了可对座椅前、后滑动调节，座椅垂直调节，后垂直调节，靠背调节，腰部支撑调节，头枕

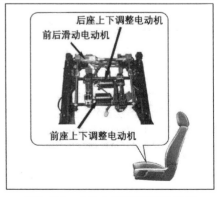

图6-52　六方向调节的电动座椅

调节等功能，调节装置及其在座椅上的布置如图6-53所示。

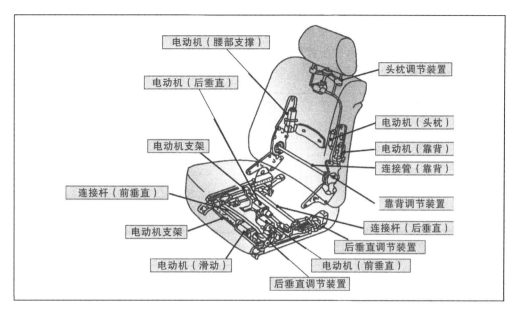

图6-53　电动座椅的调节装置及其在座椅上的布置

（2）电动座椅的工作原理

①基本工作原理

为了说明电动座椅的工作原理，这里以广州丰田凯美瑞为例进行说明，电动座椅电路原理如图6-54所示。凯美瑞驾驶员座椅带有8向电动调节功能，并且带有两向电动调节的腰部支撑，其工作原理如下。

●驾驶员座椅前后的滑动

向前滑动：按下座椅向前滑动键时，驾驶员座椅调节开关U7的1-9脚接通、6-4接通，电流走向：蓄电池正极→30A乘客座椅熔丝→U7（1-9脚）→U1→U7（6-4脚）→连接头U11/N2/（4-5脚）→E2搭铁→蓄电池负极。

向后滑动：按下座椅向后滑动键时，驾驶员座椅调节开关U7的1-6脚接通、9-4接通，电流信号走向：蓄电池正极→30A乘客座椅熔丝→U7（1-6脚）→U1→U7（9-4脚）→连接头U11/N2/（4-5脚）→E2搭铁→蓄电池负极。

●驾驶员座椅前端上下调节

向上移动：按下座椅前端向上调节键时，驾驶员座椅调节开关U7的1-10脚接通、5-4接通。电流信号走向：蓄电池正极→30A乘客座椅熔丝→U7（1-10脚）→U2→U7（5-4脚）→连接头U11/N2/（4-5脚）→E2搭铁→蓄电池负极。

向下移动：按下座椅前端向下调节键时，驾驶员座椅调节开关U7的1-5脚接通、10-4接通。电流信号的走向：蓄电池正极→30A乘客座椅熔丝→U7（1-5脚）→U2→U7（10-4脚）→连接头U11/N2/（4-5脚）→E2搭铁→蓄电池负极。

●驾驶员座椅靠背前后调节

向前移动：按下座椅靠背向前调节键时，驾驶员座椅调节开关U7的1-3脚接通、2-4接通。电流信号走向：蓄电池正极→30A乘客座椅熔丝→U7（1-3脚）→U3→U7（2-4脚）→连接头U11/N2/（4-5脚）→E2搭铁→蓄电池负极。

向后移动：按下座椅靠背向后调节键时，驾驶员座椅调节开关U7的1-2脚接通、3-4接通。电流信号走向：蓄电池正极→30A乘客座椅熔丝→U7（1-2脚）→U3→U7（3-4脚）→连接头U11/N2/（4-5脚）→E2搭铁→蓄电池负极。

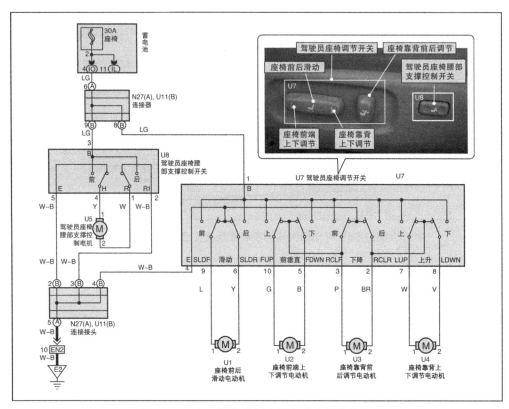

图6-54　丰田凯美瑞驾驶员电动座椅电路图

●驾驶员座椅靠背上下调节

向上移动：按下座椅靠背向上调节键时，驾驶员座椅调节开关U7的1-7脚接通、8-4接通。电流信号走向：蓄电池正极→30A乘客座椅熔丝→U7（1-7脚）→U4→U7（8-4脚）→连接头N27（A）的B4号端子→E2搭铁→蓄电池负极。

向下移动：按下座椅靠背向下调节键时，驾驶员座椅调节开关U7的1-8脚接通、7-4接通。电流信号走向：蓄电池正极→30A乘客座椅熔丝→U7（1-8脚）→U4→U7（7-4脚）→连接头N27（A）的B4号端子→E2搭铁→蓄电池负极。

●驾驶员座椅腰部支撑控制

向前移动：按下驾驶员座椅腰部支撑控制向前调节键时，驾驶员座椅腰部支撑控制开关3-4脚、1-2脚接通。电流信号走向：蓄电池正极→30A乘客座椅熔丝→U8（3-4脚）→U5→U8（1-2脚）→连接头U11/N2/（3-5脚）→E2搭铁→蓄电池负极。

向后移动：按下驾驶员座椅腰部支撑控制向后调节键，驾驶员座椅腰部支撑控制开关3-1脚、4-5脚接通。电流信号走向：蓄电池正极→30A乘客座椅熔丝→U8（3-1脚）→U5→U8（4-5脚）→连接头U11/N2/（2-5脚）→E2搭铁→蓄电池负极。

②**带存储功能电动座椅工作原理**

带存储功能的电动座椅系统采用存储器，具有记忆功能。

当按下记忆按钮时，它能够将设定的座椅调节位置进行记录，使用时只要按指定的按键开关，座椅就会自动地调节到预先设定的座椅位置上。系统控制示意图如图6-55所示。

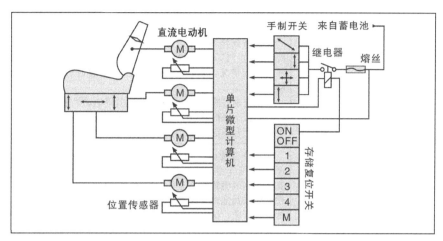

图6-55 带记忆功能电动座椅系统控制示意图

该系统主要由传感器、单片微型计算机和执行器等组成。四个位置传感器用来检测座椅的设定位置。当座椅位置设定后，驾驶员按下存储器的按钮，单片微型计算机就把这些电压信号记忆在存储器中，作为重新调整位置时的基准。使用时，只要一按按钮，就能按存储的座椅位置的要求调整座椅位置。

（3）电动座椅常见故障检修

电动座椅最常见的故障是：座椅不能前后运动，不能上升、下降，背部支撑不动作等。下面以凯美瑞电动座椅电路为例，对电动座椅故障进行检修，见表6-7。

表6-7 电动座椅故障检修表

故障现象	故障原因	维修思路
驾驶员座椅不动作	①座椅熔丝熔断 ②搭铁点松落 ③线束断路	①检查控制电路的供电：用万用表测量连接器N27 A6端子（正极）与车身接地点（负极）的电压，正常值应为12V（蓄电池电压），否则应检查蓄电池电压、30A座椅熔丝以及蓄电池至熔丝间线束是否断路 ②检查控制电路的搭铁：用电阻表检查N27 A5端子与搭铁点"E2"间是否导通，正常情况应导通，否则检查N27连接器及搭铁点"E2"的连接是否牢固 ③检查连接器：用电阻表检查连接器N27 A6端子与B8、B9之间是否导通，正常情况时应导通，否则应更换连接器N27
电动座椅不能向前或向后移动	①驾驶员座椅开关损坏 ②滑动电动机损坏 ③线束断路等	①检查驾驶员座椅开关：用试灯或发光二极管测试驾驶员座椅开关端子"9"至车身的接地情况，且按住驾驶员座椅向前开关，试灯应点亮，否则表明驾驶员座椅向前开关损坏，应更换；然后，用试灯检查驾驶员座椅开关端子"6"至车身的接地情况，且按住驾驶员座椅向后开关，试灯应点亮，否则表明驾驶员座椅向后开关损坏，应更换 ②检查连接线束：用万用表检查驾驶员座椅调节开关"9"至座椅滑动电动机"1"、驾驶员座椅调节开关"6"至座椅滑动电动机"2"间的线束导通情况，如不导通则说明线束断路或与端子连接不良，应更换或检修 ③检查滑动电动机：用试灯检查滑动电动机插件端子"1"至"2"，且分别按下座椅调节向前、向后开关，试灯应分别点亮，否则说明接插件接触不良或滑动电动机损坏，应检修或更换

续表

故障现象	故障原因	维修思路
电动座椅不能升降	①驾驶员座椅开关损坏 ②升降电动机损坏 ③线束断路等	①检查驾驶员座椅开关：用试灯或发光二极管测试驾驶员座椅开关端子"10"至车身的接地情况，且按住驾驶员座椅上升开关，试灯应点亮，否则表明驾驶员座椅上升开关损坏，应更换；然后，用试灯检查驾驶员座椅开关端子"5"至车身的接地情况，且按住驾驶员座椅下降开关，试灯应点亮，否则表明驾驶员座椅下降开关损坏，应更换 ②检查连接线束：用万用表检查驾驶员座椅调节开关"10"至座椅升降电动机"1"、驾驶员座椅调节开关"5"至座椅升降电动机"2"间的线束导通情况，如不导通则说明线束断路或与端子连接不良，应更换或检修 ③检查前升降电机：用试灯检查升降电动机接插件端子"1"、"2"，且分别按下座椅调节向下、向上开关，应分别点亮，否则表明接插件接触不良或前升降电动机损坏，应检修或更换
电动座椅靠背不能前后调节	①驾驶员座椅开关损坏 ②靠背前后电动机损坏 ③线束断路等	①检查驾驶员座椅开关：用试灯或发光二极管测试驾驶员座椅开关端子"3"至车身的接地情况，且按住驾驶员座椅靠背向前开关，试灯应点亮，否则表明驾驶员座椅靠背向前调节开关损坏，应更换；然后，用试灯检查驾驶员座椅开关端子"2"至车身的接地情况，且按住驾驶员座椅靠背向后开关，试灯应点亮，否则表明驾驶员座椅靠背向后调节开关损坏，应更换 ②检查连接线束：用万用表检查驾驶员座椅调节开关"3"至座椅靠背前后调节电动机"2"、驾驶员座椅调节开关"2"至座椅靠背前后调节电动机"1"间的线束导通情况，如不导通则说明线束断路或与端子连接不良，应更换或检修 ③检查靠背前后电动机：用试灯检查靠背前后电动机接插件端子"1"、"2"，且分别按下座椅调节向后、向前开关，应分别点亮，否则表明接插件接触不良或靠背前后电动机损坏，应检修或更换
电动座椅靠背不能上下调节	①驾驶员座椅开关损坏 ②线束断路等	①检查驾驶员座椅开关：用试灯或发光二极管测试驾驶员座椅开关端子"7"至车身的接地情况，且按住驾驶员座椅靠背向上开关，试灯应点亮，否则表明驾驶员座椅靠背向上调节开关损坏，应更换；然后，用试灯检查驾驶员座椅开关端子"8"至车身的接地情况，且按住驾驶员座椅靠背向下开关，试灯应点亮，否则表明驾驶员座椅靠背向下调节开关损坏，应更换 ②检查连接线束：用万用表检查驾驶员座椅调节开关"7"至座椅靠背调节电动机"2"、驾驶员座椅调节开关"8"至座椅靠背上下调节电动机"1"间的线束导通情况，如不导通则说明线束断路或与端子连接不良，应更换或检修 ③检查靠背上下电动机：用试灯检查靠背上下电动机接插件端子"1"、"2"，且分别按下座椅调节向上、向下开关，应分别点亮，否则表明接插件接触不良或前靠背上下电动机损坏，应检修或更换
电动座椅腰部支撑不能调节	①驾驶员座椅腰部支撑控制开关损坏 ②驾驶员座椅腰部支撑电动机损坏 ③线束断路等	①检查驾驶员座椅腰部支撑控制开关：用试灯或发光二极管测试驾驶员座椅腰部支撑控制开关端子"4"至车身的接地情况，且按住驾驶员座椅腰部支撑向前开关，试灯应点亮，否则表明驾驶员座椅腰部支撑向前开关损坏，应更换；然后，用试灯检查座椅腰部支撑控制开关端子"1"至车身的接地情况，且按住驾驶员座椅腰部支撑向后开关，试灯应点亮，否则表明驾驶员座椅腰部支撑向后开关损坏，应更换 ②检查连接线束：用万用表检查驾驶员座椅腰部支撑控制开关"1"至座椅腰部支撑调节电动机"2"、驾驶员座椅腰部支撑控制开关"4"至座椅靠背调节电动机"1"间的线束导通情况，如不导通则说明线束断路或与端子连接不良，应更换或检修 ③检查驾驶员座椅腰部支撑电动机：用试灯检查驾驶员座椅腰部支撑电动机接插件端子"1"、"2"，且分别按下座椅腰部支撑向前、向后开关，应分别点亮，否则表明接插件接触不良或驾驶员座椅腰部支撑电动机损坏，应检修或更换

5．电动后视镜

（1）电动后视镜的组成

后视镜用来反映车辆后方、侧方和下方的情况，使驾驶员的视界更广。后视镜分为外后视镜和内后视镜，这里指外后视镜。

为了便于驾驶员调整后视镜的角度，很多轿车安装了电动后视镜，驾驶员在行车时可方便地对左右后视镜的角度进行调节。

电动后视镜主要由调整开关、电动后视镜转向器、镜面、外壳及连接件等组成，如图6-56所示。反射镜的背后装有两套电动机和驱动器，可操纵反射镜上下及左右转动。通常上下方向的转动用一个电动机控制，左右方向的转动用另一个电动机控制。通过改变电动机的电流方向，就可完成对后视镜的上下左右方向的调整。

为了使车能够获得最大的驻车间隙，通过尽可能狭小的路段，有的电动后视镜还带有伸缩功能，由伸缩开关控制伸缩电动机工作，使两个后视镜整体回转伸出或缩回。

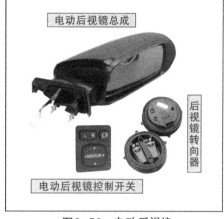

图6-56 电动后视镜

（2）电动后视镜的工作原理

图6-57是卡罗拉电动后视镜电路原理图，当点火开关处于ACC挡时，蓄电池电压通过一系列熔丝供电给电动后视镜电路，操作外后视镜开关的上/下、左/右键，控制后视镜电动机做相应动作，从而带动车外后视镜上/下或左/右运动。

左、右后视镜的动作基本相同，这里以调整左后视镜为例进行解析。

车外后视镜开关中选择"L"。

①左后视镜向上运动

当按下车外后视镜开关的操纵开关"上"键时，车外后视镜开关端子8-4接通，6-7接通。电流信号走向：蓄电池正极→ACC熔丝→E17（8-4脚）→I2（5-4脚）→连接器E56/E57（6A-1B脚）→E17（6-7脚）→E1搭铁→蓄电池负极。

②左后视镜向下运动

当按下外后视镜开关的操纵开关"下"键时，车外后视镜开关端子8-6接通，4-7接通。电流信号走向：蓄电池正极→ACC熔丝→E17（8-6脚）→连接器E56/E57（1B-6A脚）→I2（4-5脚）→E17（4-7脚）→E1搭铁→蓄电池负极。

③左后视镜向左运动

当按下外后视镜开关的操纵开关"左"键时，车外后视镜开关端子8-5接通，6-7接通。电流信号走向：蓄电池正极→ACC熔丝→E17（8-5脚）→I2（3-4脚）→连接器E56/E57（6A-1B脚）→E17（6-7脚）→E1搭铁→蓄电池负极。

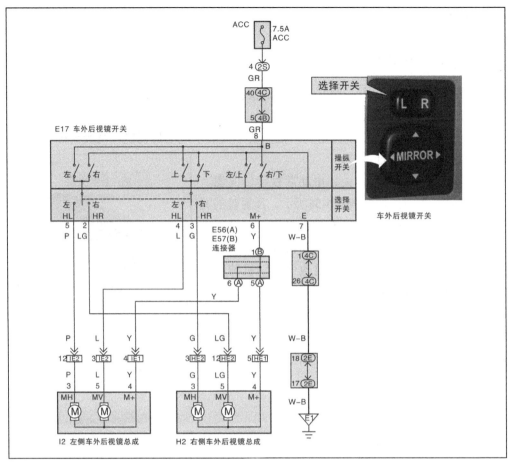

图6-57 遥控后视镜

④左后视镜向右运动

当按下外后视镜开关的操纵开关"右"键时，车外后视镜开关端子8-6接通，5-7接通。电流信号走向：经蓄电池正极→ACC熔丝→E17（8-6脚）→连接器E56/E57（1B-6A脚）→I2（4-3脚）→E17（5-7脚）→E1搭铁→蓄电池负极。

（3）电动后视镜常见故障检修

电动后视镜常见的故障有：电动后视镜都不工作、电动后视镜部分功能不正常等。其常见故障的检修见表6-8。

表6-8 电动后视镜故障检修表

故障现象	故障原因	维修思路
电动后视镜都不工作	一般是熔丝熔断、电源线路或搭铁线路断路引起的，也可能是控制开关有故障	①检查熔丝是否正常 ②检查控制开关线头有无脱落、松动、电源线路或搭铁线路是否正常 ③检查控制开关各接点通断情况
电动后视镜部分功能不正常	线路断路引起，也可能是控制开关或电动机有故障	①检查线路的连接情况 ②检查开关 ③检查电动机

6. 汽车中控门锁

汽车门锁是汽车防盗的第一步，采用中央门锁系统的车辆，当驾驶员锁住驾驶员车门时，其他几个车门（包括后车门及行李厢门等）能同时自动锁住；当打开驾驶员车门时，其他几个车门能同时打开，并且仍可用各车门的机械或弹簧锁开关车门。

（1）汽车中控门锁的分类

汽车电子锁的分类方法很多，既可以按照控制部分中主要元器件的异同进行分类，也可以按照编码方式的异同进行分类。

①按键式电子锁

按键式电子锁采用键盘或组合按钮输入开锁密码，操作方便。内部控制电路常采用电子密码专用集成电路。此类产品包括按键式电子锁和按键式汽车点火锁。

②拨盘式电子锁

拨盘式电子锁采用机械拨盘开关输入开锁密码。很多按键式电子锁可以改造成拨盘式电子锁。

③电子钥匙式电子锁

电子钥匙式电子锁使用电子钥匙作为开锁密码，它由元器件搭成的单元电路组成，做成小型手持单元形式，通过光、声、电或磁等多种形式与主控电路联系。此类产品包括各种遥控汽车门锁、转向锁和点火锁以及电子密码点火钥匙。

④触摸式电子锁

触摸式电子锁采用触摸方式输入开锁密码。装用这种锁的车门上没有一般的门把手，代之以电子锁和触摸传感器。

⑤生物特征式电子锁

生物特征式电子锁的特点是将声音、指纹等人体生物特征作为密码输入，由计算机进行模式识别，控制开锁。生物特征式电子锁的智能化程度相当高。

（2）汽车中控门锁的功能

①中央控制

当驾驶员锁住车门时，其他车门同时锁住。也可以通过门锁开关打开所有的门锁。

②速度控制

车速达到一定速度时，可以将所有的车门自动锁定（根据车型而定）。

③单独控制

除了中央控制门锁外。乘员可以通过机械式弹簧锁开关车门。

④两级开锁功能

在钥匙联动开锁功能中，一级开锁操作，只能以机械方法打开钥匙插入的门。两级开锁操作，则同时打开其他车门。

⑤钥匙占用预防功能

防止钥匙插入点火开关时，没有钥匙而将车门锁住。

⑥电动窗不用钥匙的动作功能

驾驶员和乘客的车门都关上，点火开关断开后，电动窗仍可动作约60s。

⑦安全功能

当钥匙从点火开关中拔去而门已锁住时，无论用钥匙或不用钥匙锁门，门都不能用门锁控制开关打开。

⑧自动功能

一些高级车辆中，用钥匙或遥控器将门锁打开或锁上时，电动车窗也会自动打开或关闭。

（3）汽车中控门锁的组成

汽车中控门锁系统主要由控制开关、门锁控制器和门锁执行机构等组成。中控门锁部件位置如图6-58所示。

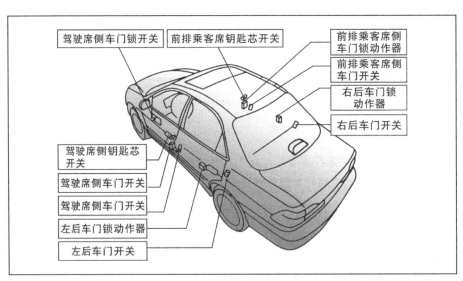

图6-58　中控门锁系统零部件位置图

①控制开关

● 门锁控制开关

其安装在前左门和右门的扶手上，如图6-59所示。将开关推向前门是锁门，推向后门是开门。

● 钥匙开锁报警开关

其用于探测点火钥匙是否插进钥匙门内，当钥匙在钥匙门内，钥匙开锁报警开关接通电话报警；当钥匙离开钥匙门时取消报警，如图6-60所示。

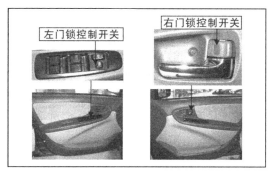
图6-59　门锁控制开关

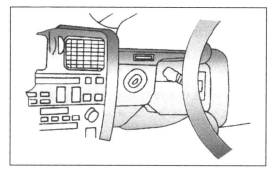
图6-60　钥匙开锁报警开关

●钥匙控制开关

其安装在每个前门的钥匙门上，如图6-61所示。当从外面用钥匙开门和关门时，钥匙控制开关便发出开门或锁门的信号给门锁ECU。

●行李厢门开启器开关

其位于仪表板下面，拉动此开关便能打开行李厢门，如图6-62所示。钥匙门靠近行李厢门开启器，推压钥匙门，断开行李厢内主开关，此时再拉开启器开关也不能打开行李厢门。将钥匙插进钥匙门内顺时针旋转打开钥匙门，当主开关再次接通，便可用行李厢门开启器打开行李厢。

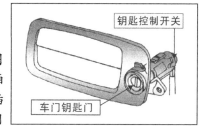
图6-61　钥匙控制开关

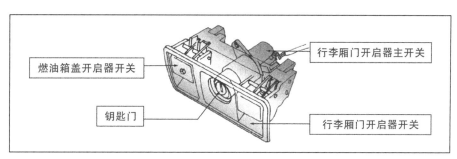
图6-62　行李厢门开启器开关

●门控开关

用于探测车门的开闭情况。车门打开时，门控开关接通；车门关闭时，门控开关断开。

●门锁开关

用于检测车门的开闭情况。车门关闭，门锁开关断开；车门开启，门锁开关接通。

②门锁控制器

门锁控制器为门锁执行机构提供开锁和闭锁脉冲电流，有晶体管式门锁控制器、电容式门锁控制器和车速感应式门锁控制器。

●晶体管式

门锁控制器内部设有闭锁和开锁两个继电器，由晶体管开关电路控制，利用电容器的充、放电过程，控制一定的脉冲电流持续时间，使门锁执行机构完成闭锁和开锁动作，如图6-63所示。

●电容式

该系统利用充足电的电容器，在工作时继电器（开锁或闭锁继电器）串联接入电容器的放电回路，使其触点短时间闭合。当（正向或反向）转动车门钥匙时，相应的电路开关（闭锁或开锁）接通，电容器放电电流通过继电器线圈（开锁或闭锁继电器）搭铁，线圈产生电磁吸力，触点闭合，接通执行机构电磁线圈的电路，完成闭锁或开锁的动作。当电容器放电完毕后，继电器触点打开，中央门锁系统停止工作。此时另一只电容器被充电，为下一次操纵做好准备，如图6-64所示。

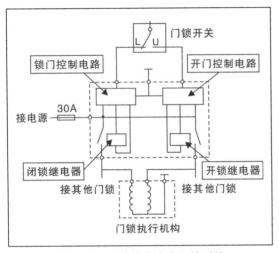

图6-63　晶体管式中央门锁系统

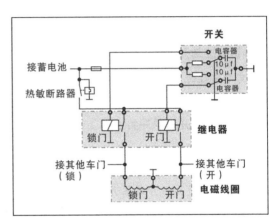

图6-64　电容控制的中央门锁系统电路

●车速感应式

在中央门锁系统中加装一车速（10km/h）感应开关，当汽车行驶速度达10km/h以上时候，若车门未闭锁，不需要驾驶员操纵，门锁控制器将自动关闭。车速感应式中央门锁系统电路如图6-65所示。

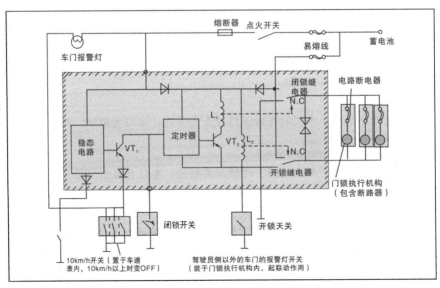

图6-65　车速感应式中央门锁系统电路

③执行机构

汽车电子门锁的执行机构一般采用电磁铁或微型电动机控制。

●电磁铁式自动车门锁

这种汽车电控门锁的开启和关闭均由电磁铁驱动，其结构如图6-66所示。它内设两个线圈，分别用来开启、关闭门锁。门锁集中操作按钮平时处于中间位置，用手按压即可开启或关闭车门。

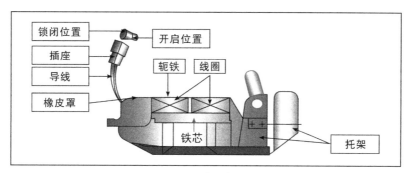

图6-66 电磁铁结构

●电动机式自动车门锁

该锁由可逆式电动机、传动装置及锁体总成构成。其工作原理为：由电动机带动齿轮齿条或螺杆螺母进而驱动锁体总成，驱动车门的闭锁或开启。其传动装置如图6-67所示。

对于门锁电动机故障，可参看图6-68，检查或更换门锁电动机。

中央控制门锁一般采用永磁电动机（双向），若电动机内部短路或断路，电动机就不能工作，门锁就不能打开。

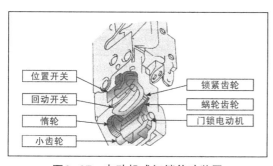

图6-67 电动机式门锁传动装置

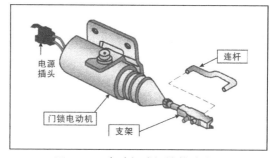

图6-68 电动机式门锁传动装置

（4）汽车遥控中控门锁的组成

遥控门锁就是利用遥控器在一定距离内完成对汽车车门开闭装置执行器进行遥控的装置，在远离汽车的地方进行车门的开闭。遥控中控门锁不但可以控制驾驶员车门，还能控制其他车门和行李厢门。

驾驶员操纵遥控发射器，利用无线电波或者红外线发出身份密码（开、闭代码），设置在车辆两侧的接收器接收到遥控信号，并将其与身份鉴定代码对比，两者一致时，则按照相应的功能代码，执行器开始工作，以便执行开闭功能。

遥控中控门锁系统由发射器、接收器、遥控门锁（ECU）等组成。

①发射器

发射器也称遥控器，其作用是利用发射开关发射规定代码的无线遥控信号，控制驾驶员侧车门、其他车门、行李厢门等的开启和锁闭，且具有寻车功能。发射器分为组合型（发射器与点火钥匙合二为一）和分开型两种，如图6-69所示。

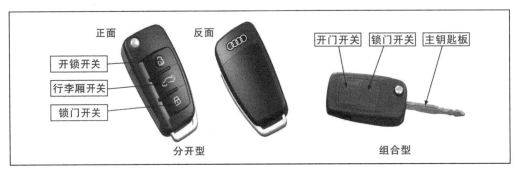

图6-69　发射器

②接收器

接收器对接收到的信号进行放大和调制，检查身份鉴定代码是否相符，当代码一致时，判别功能代码，并驱动相应的执行器。现代汽车广泛采用红外线式接收器和无线电波式接收器。

（5）中央控制门锁的故障诊断与排除

对于中央控制门锁的故障，通常按照表6-9进行诊断与排除。

表6-9　中央门锁系统典型故障诊断与排除

故障现象	可能原因	排除方法
一个门锁不工作	①门门或连杆障碍 ②电路断路或短路 ③执着行器故障	①将润滑剂注入开启的门门反复手动操作10次，检查弹簧锁及所有的连杆周围有无干涉 ②检查执行器连接器、操纵开关各挡上的电压，按要求维修电路 ③检查执行器，按要求更换
所有的门锁都不工作	①电路断电器故障 ②电路断路或短路 ③继电器没有搭铁 ④开关故障 ⑤搭铁电路断路	①检查电路断电器，按要求更换 ②检查电路断电器与门锁开关之间的导线和连接点，按要求维修 ③检查继电器和支架连接螺钉，按要求紧固 ④检测开关，按要求更换 ⑤检查左侧开关的搭铁电路，按要求维修
门锁只以一种方式工作	①电路断路或短路 ②继电器故障 ③搭铁电路断路	①检查断电器与门锁开关之间的导线和连接点，按要求维修 ②检查继电器，按要求更换 ③检查左侧开关的搭铁电路，按要求维修
所有的门锁只按一个开关工作	①电路断路或短路 ②开关故障	①检查电路断电器与不工作开关之间的导线及连接器，按要求修理 ②检测开关，按要求更换
门锁间歇性工作	①连接点松动 ②继电器搭铁不良 ③左手开关搭铁不良 ④开关故障	①检查插接器，按要求紧固 ②检查继电器和支架连接螺钉，按要求紧固 ③检查左侧开关的搭铁电路，按要求维修 ④检测开关，按要求更换

续表

故障现象	可能原因	排除方法
门锁只在发动机运转时工作	① 蓄电池电压低 ② 连接点松动或被腐蚀	① 检测蓄电池，按要求更换 ② 检查导线和连接点，按要求维修
在冰冻天气时门锁不工作	① 锁闩或连杆障碍 ② 锁闩或连杆冻住	① 将润滑剂注入开启的锁闩并反复手动操纵10次，检查弹簧锁及所有的连杆有无干涉 ② 把车驶入采暖的车库，让门锁系统的冰雪融化后，再验证所有的门锁是否工作

7. 汽车防盗系统

汽车防盗系统是对无授权进入车内、起动汽车和拆卸防盗系统的企图进行监测，在检测到任何无授权侵入行为时，启动报警系统进行声光报警，并阻止汽车起动。

（1）防盗系统的分类

汽车防盗装置按其结构可分三大类：机械式、电子式、网络式。

①机械式防盗装置

其主要是靠锁定离合器、转向盘、变速杆等来达到防盗的目的，它只防盗不报警。常见的结构形式有：转向盘锁、变速器锁和轮胎锁。

● **转向盘锁**

转向盘锁是将转向盘与制动踏板连接在一块，或者直接在转向盘上加上限位铁棒使转向盘无法转动，如图6-70所示。

● **变速器锁**

变速器锁通常是在停车后，把换挡杆推回P位或1挡位置，加上变速器锁，使汽车不能换挡，如图6-71所示。

● **轮胎锁**

即用一套锁具把汽车的一个轮胎固定，使之不能转动。这种方法比较麻烦，而且锁具也比较笨重，如图6-72所示。

图6-70　转向盘锁　　　　图6-71　变速器锁　　　　图6-72　轮胎锁

②电子式防盗装置

它主要靠锁定点火或起动来达到防盗的目的，同时具有防盗和声音报警功能。

●**服务功能**

其包括遥控车门、遥控起动、寻车等。

●**警惕提示功能**

触发报警记录（提示车辆曾被人打开过车门）。

●**报警提示功能**

即当有人动车时发出警报。

●**防盗功能**

即当防盗器处于警戒状态时，切断汽车上的起动电路。

③**网络式防盗装置**

该类汽车防盗装置有两种：一种是利用车载台（对讲机）通过中央控制中心进行定位监控，另一种是利用卫星进行定位跟踪（GPS）。这两种防盗系统的技术含量都很高，但必须在没有盲区的网络（包括中国移动GSM、中国联通CDMA）支持下才能工作，更主要的是需要政府配合公安部门设立监控中心。

（2）汽车防盗系统的组成

汽车防盗系统主要由防盗电控单元、感应传感器、门控开关、报警器、警告灯等组成。防盗系统可以通过钥匙锁闭车门、用遥控器锁闭车门、用电子钥匙锁闭车门以及通过隐蔽开关等方式启动，防盗系统部件位置图如图6-73所示。防盗系统电路图如图6-74所示。

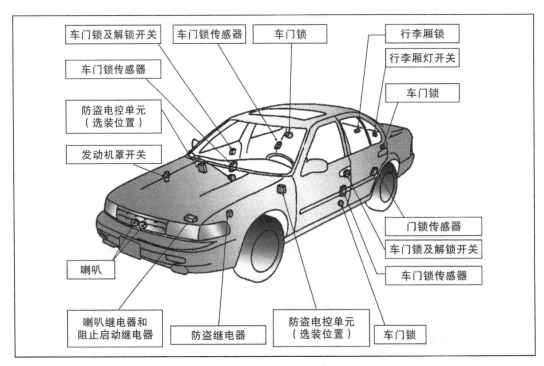

图6-73　防盗系统部件位置图

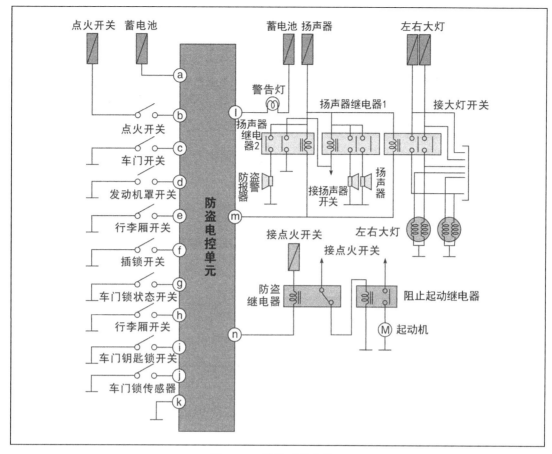

图6-74 防盗系统电路图

起动后，防盗电控单元根据车门开关、发动机罩开关、行李厢开关、点火开关和超声波传感器等输入的信号对汽车的不正常状态和非授权侵入进行监测，当判定出现不正常状态或非授权侵入时，电控单元将通过控制相应继电器使扬声器和报警器鸣响，使车灯和警告灯闪烁，发出声光报警信号，同时利用防盗继电器中断起动机、电动油泵、点火系统等关键电路，使汽车不能起动。有的还可以由发动机电控单元阻止汽车起动。声光信号持续报警时间可以预设，一般为1～3min。

①防盗电控单元

它是防盗系统的核心和控制中心，其功能是接收传感器、各种门的开关以及电动机的位置等发送的信号，根据ECU预先存储的数据和编制的程序，通过数学计算和逻辑判断，确定车门是否锁定，车辆是否非法移动、被盗，以便控制各个执行器，从而使汽车处于报警状态。防盗电控单元除了具有控制功能外，有的还具有故障自诊断功能。

②感应传感器

感应传感器目前普遍使用的是振荡传感器，它的功能是当防盗系统工作时，振荡传感器检测汽车无异常情况发生。当汽车被移动或车门被打开时，振荡传感器将检测到的信号传送给防盗电控单元，防盗电控单元根据内部存储的数据进行比较，判断汽车是否正在被盗。如果检测到被盗，防盗电控单元输出信号，控制报警装置发出声光报警信号，阻止汽车起动，切断燃油供给。

②门控开关

它包括发动机罩开关、门开关及行李厢开关等。其功能是当所有的车门、发动机罩及行李厢关闭时，车主通过报警设置/解除装置将所有的车门锁住，汽车防盗系统进入预警状态。汽车防盗系统启动后，当盗贼强行将车门打开时，门控开关部分会将检测到的信号送给防盗电控单元，以启动相应的防盗措施。

④报警部分

报警方法通常采用扬声器鸣叫和灯光闪亮的方式，也有采用专用扬声器与普通扬声器进行组合的报警方法。

（3）汽车防盗系统工作原理

汽车防盗系统的遥控器与主机系统之间除了要用相同的发射和接收频率外，还要有密码才能相互识别。

①遥控式防盗系统工作原理

遥控式防盗系统由发射器、接收器、继电器开关、点火电路的控制电路、扬声器报警电路、门锁开关控制电路、灯光报警电路等组成，如图6-75所示。

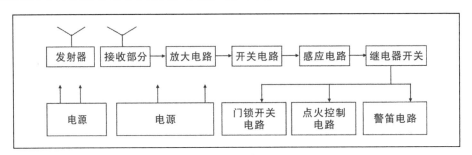

图6-75 遥控式防盗系统

发射器实际上是一个小小的无线发射电台，可以把电流调制成无线电波发射出去。防盗装置主机首先是一个无线电波接收器，当按下发射器的防盗设定开关后，发射器发出"设定"信号电波，汽车上的防盗系统主机收到"设定"信号后，立即使继电器通电，继电器触点被吸下，开关闭合，接通点火电路的控制电路，门锁开关控制电路和扬声器、灯光报警控制电路的电源，使整机进入警戒状态和关闭门锁。这时如果有人撬动门锁或有人来推车，防盗装置主机上的感应器就会感应到信号，该信号通过电路的调制，接通继电器触点，报警电路开始工作，发出警报声和闪光，同时锁住点火电路，使汽车无法发动。

②多功能遥控式防盗系统工作原理

多功能遥控式防盗系统分为发射器和接收器两部分，如图6-76所示。发射器由几个不同作用的指令开关电路组成，它们是防盗设定电路，防盗设定解除电路，寻车、超车信号电路，遥控起动电路，然后是汇总的放大电路、音频信号电路、高频振荡电路。其中音频信号部分负责产生"防盗设定"、"解除"等不同内容的不同信号，然后通过放大电路进行放大，由高频振荡电路调制成高频信号，再由发射天线发射出去。接收器部分又分为两部分，一部分根据接收信号内容分为防盗设定电路，寻车、超车信号电路，遥控起动电路，防盗设定解除电路，这些电路对所接收的信号进行处理，然后通过控制电路的继电器开关对有关电路进行控制，使之进入工作状态；另一部分为感应信号接收处理电路与振动信号接收处理电路，对各种不同内容的信号进行接收和处理，然后由它们带动继电器工作，由继电器带动警笛和对点火电路加锁。

●**防盗设定与解除电路**

·**防盗设定电路**

它主要由发射器和接收器部分共同完成，发射器部分有防盗设定开关、低频放大电路、低频调制电路、高频振荡电路等。接收部分有信号接收电路、信号处理电路、信号放大电路、开关控制电路、断电器等，如图6-77所示。

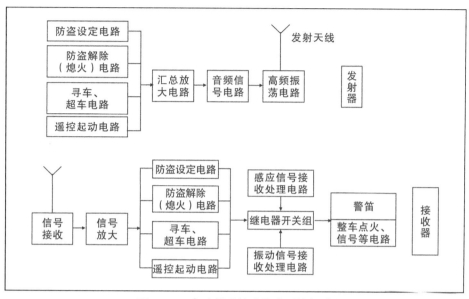

图6-76　多功能遥控式防盗系统组成

当防盗开关按下时，带动了防盗设定电路工作，经放大、低频调制、高频调制电路后，对外发射电波，发送防盗设定指令。接收器的接收电路收到指令后，信号进入信号处理、放大电路进行处理、放大，然后由控制电路带动继电器开关动作，接通门锁开关控制电路、警戒电路（感应和振动信号）附属电路的电源，使之进入工作状态。当有人撬门窗或触动汽车时，应带动警笛发出声响并对点火电路加锁。

·**防盗解除电路**

如图6-78所示，防盗指令的解除由发射器的防盗解除信号开关、信号放大、低频调制、高频振荡电路等组成。接收器由解除信号接收、处理放大、开关控制电路及继电器组成。当发射器解除按钮按下时，防盗解除装置电路就开始工作，电路的低频信号调制部分调制出相应的信号，经放大后进行高频振荡，对外发射出指令的电波。当接收器收到解除信号时，就将这个信号进行处理、然后由控制电路带动继电器，关断防盗系统电源，使之停止工作。

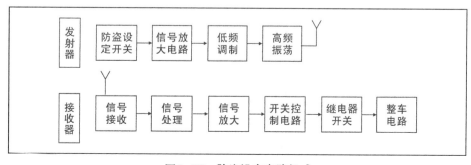

图6-77　防盗设定电路组成

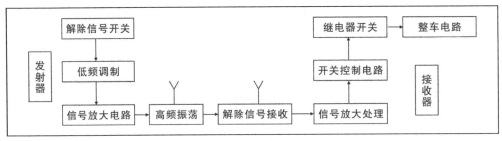

图6-78　解除设定电路组成

●寻车、超车及起动电路

·寻车、超车电路

其电路组成如图6-79所示。

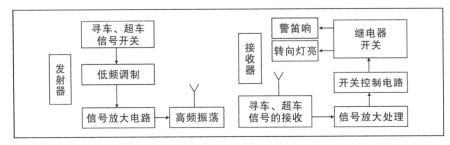

图6-79　寻车、超车电路组成

当发射器的寻车、超车按钮按下时，带动了寻车、超车电路工作，其发出的超车信号经低频调制、放大后，进入高频振荡电路，调制为高频电波对外发射。接收器收到这个信号时，将信号进行处理、放大后，进入控制电路，带动继电器工作，由继电器带动警笛和灯光工作，通过声响灯光的作用，对其他车辆进行超车提示，或提示该车所处位置让车主及时发现自己的汽车。

·遥控电起动电路

其电路组成如图6-80所示，它包括发射器的遥控起动信号调制、放大及高频振荡电路，接收器的信号接收、处理与放大、控制电路及继电器等。当发射器遥控起动按钮按下时，低频调制部分先调制出相应信号，然后低频电路对其进行放大后进入高频振荡电路，变成变频电波发射出去。接收器收到这个信号后，经过信号处理、放大，将它送到控制电路，由控制电路带动继电器触点开关接通汽车起动电路，将发动机发动。当遥控起动按钮松开时，发射器的信号中止发送，接收器输入端因无信号而中止工作，电起动电路中断。

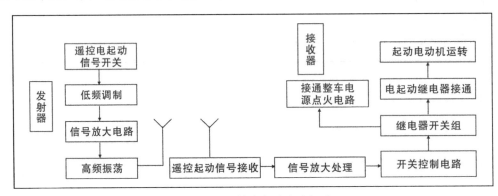

图6-80　遥控电起动电路组成

●熄火、点火锁住电路

·遥控熄火电路

它由发射器的熄火开关、信号放大与调制、高频振荡电路，以及接收器的信号接收、处理、放大、控制电路及继电器等组成（图6-81）。当按下发射器的熄灭按钮后，发射器低频调制部分将其调制成相应的信号，信号进行放大后，经高频振荡成高频电波向外发射熄灭指令。接收器收到信号后，立即对其进行处理、放大后，由控制电路对继电器进行控制，继电器触点开关将点火电路进行短路（或断路），从而达到熄火的目的。

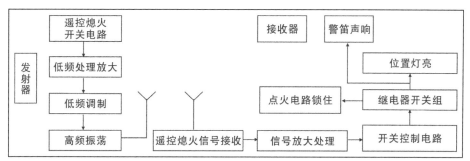

图6-81　遥控熄火电路组成

·熄灭、锁住点火、接通报警电路

它实际上由防盗设定电路兼任。在100m范围内按下防盗设定按钮，发射器发出的信号被接收器收到时，接收器先接通警戒电路进入警戒状态。由于车辆发动中的振动和人体的感应作用，又使警戒电路工作，锁住点火电路，并使警声大作。

●警戒电路

多功能遥控式防盗系统警戒电路由接收器的相应部分担任，其组成如图6-82所示。当接收器的防盗设定电路将警戒电路电源接通后，警戒电路就进入警戒状态。它由感应警戒和振动警戒两部分组成，感应警戒部分利用人体感应的电容破坏原电路中电容电桥平衡，引起电路振荡，这个振荡信号经放大处理后对控制电路进行触发使其工作，带动继电器使警笛发出声响，同时使点火电路短路（或断路）。振动警戒部分则利用振动破坏原有电阻电桥平衡，引起电流输出，这个电流经放大、处理后对控制电路进行触发，带动了控制电路工作，再由控制电路带动继电器，使警笛发出声响，对点火电路加锁。

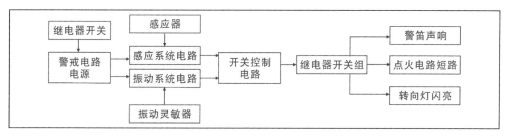

图6-82　警戒电路组成

（4）汽车防盗系统的检修

以丰田卡罗拉轿车为例。

①故障诊断步骤

汽车防盗系统具有自诊断功能，可通过诊断仪读取故障码，诊断步骤如下。

●利用诊断仪检查故障码。记下输出的所有故障码，删除故障码，重新检查故障码，通过模拟故障码所对应的原始症状来尝试触发故障码。

●如果故障码不再出现，则根据故障症状表进行检修；如果故障码再次出现，则根据故障码表进行检修。

②故障码的读取与清除方法

●DTC检查

· 将诊断仪连接到DLC3。

· 将点火开关置于ON（IG）位置。

· 读取诊断仪屏幕上的DTC。

●DTC清除

· 将诊断仪连接到DLC3。

· 将点火开关置于ON（IG）位置。

· 按诊断仪屏幕上的提示清除DTC。

③故障症状表

●对防盗系统进行故障排除的前提是门锁控制系统和遥控门锁控制系统工作正常。因此，在对防盗系统进行故障排除之前，首先应确定门锁控制系统和遥控门锁控制系统工作正常。

●在检查表6-10所列可疑部位前，应先检查熔丝和继电器。

●使用表6-10可帮助诊断故障原因。以递减的顺序表示故障原因的可能性。按顺序检查每个可疑部位。必要时维修或更换有故障的零件或进行调整。

表6-10 故障诊断表

症状	可疑部位
防盗系统无法设置	检查是否输出防盗警报ECU通信DTC[①]
	安全指示灯电路
	防盗警报ECU电源电路
	解锁警告开关电路[①]
	驾驶员侧车门钥匙锁止/解锁开关
	门控灯开关电路
	发动机盖门控灯开关电路
	更换认证ECU[②]
	防盗警报ECU总成
	对以上部位进行检查并确认正常后，如果故障仍出现，则更换主车ECU（仪表板接线盒）
设置防盗系统时，安全指示灯不闪烁	安全指示灯电路
	防盗警报ECU总成
	对以上部位进行检查并确认正常后，如果故障仍出现，则更换主车ECU（仪表板接线盒）
将点火开关置于ON位置时，警报鸣响状态不能取消[①]	点火开关电路
	解锁警告开关电路
	防盗警报ECU总成
	对以上部位进行检查并确认正常后，如果故障仍出现，则更换主车ECU（仪表板接线盒）
将点火开关置于ON（IG）位置时，警报鸣响状态不能取消[②]	转至智能上车和起动系统（2ZR-FE）

续表

症　状	可疑部位
即便某一车门开启，防盗系统仍可启用	门控灯开关电路
	防盗警报ECU总成
	对以上部位进行检查并确认正常后，如果故障仍出现，则更换主车ECU（仪表板接线盒）
防盗系统报警时，车辆扬声器不鸣响	扬声器电路
	防盗警报ECU总成
	对以上部位进行检查并确认正常后，如果故障仍出现，则更换主车ECU（仪表板接线盒）
防盗系统报警时，危险警告灯不闪烁	线束
	转向信号闪光灯总成
	防盗警报ECU总成
	对以上部位进行检查并确认正常后，如果故障仍出现，则更换主车ECU（仪表板接线盒）
防盗系统报警时，车内照明灯不点亮	车内照明灯电路
	防盗警报ECU总成
	对以上部位进行检查并确认正常后，如果故障仍出现，则更换主车ECU（仪表板接线盒）
防盗系统报警时，警报扬声器不鸣响	警报扬声器电路
	警报扬声器不鸣响
	对以上部位进行检查并确认正常后，如果故障仍出现，则更换主车ECU（仪表板接线盒）
即使没有设置防盗系统，危险警告灯也会闪烁	线束
	转向信号闪光灯总成
	防盗警报ECU总成
	对以上部位进行检查并确认正常后，如果故障仍出现，则更换主车ECU（仪表板接线盒）
即使没有设置防盗系统，车内照明灯也会亮起	车内照明灯电路
	防盗警报ECU总成
	对以上部位进行检查并确认正常后，如果故障仍出现，则更换主车ECU（仪表板接线盒）
提示：① 不带智能上车和起动系统，② 带智能上车和起动系统	

④故障码

DTC代码：B1269。

检测项目：防盗ECU通信中止。

故障部位：线束和连接器，防盗警报ECU总成。

提示：不带智能上车和起动系统。

项目七　汽车电路图识读与电气故障诊断

[任务一　汽车电路识读基础]

一、任务分析

汽车电路图是汽车电气系统检修的基础，只有读懂汽车电路图才能正确掌握汽车各用电器之间的联系。通过汽车电路识读基础的学习，应掌握汽车电气线路的特点、汽车电路图类型、汽车电路的几大系统，通过汽车电路图识读方法的学习掌握汽车电路的读图方法。

二、相关知识

1. 汽车电气线路的特点

（1）低压直流供电

蓄电池和交流发电机向用电设备供应的电流都是以直流电的方式输出的，这样可以简化结构、保证安全。现在，汽车电气设备使用电源的额定电压主要有12V和24V两种。汽车运行中的额定电压可以达到14V和28V，采用低压直流供电。柴油车一般采用低压直流24V电压供电（也有的柴油车采用直流12V供电，但罕见），汽油车一般采用低压直流12V电压供电。

低压供电电流来自蓄电池或发电机，因此两者的电压值应保持一致。

随着汽车用电设备的增多和环保节能的需要，汽车制造厂家正在探索提高电源电压来使电线束变细的方案，目前比较公认、比较理想的汽车电源电压为42V。由于电源电压的变化未给现代汽车带来革命性的影响，因此现在市场装备42V电源的汽车还很少，但这是一种趋势，相信在不久的将来，42V的汽车电源会成为汽车的动力之源。

（2）两个电源

两个电源是指蓄电池和发电机两个供电电源。蓄电池是辅助电源，在汽车未运转时向有关用电设备供电；发电机是主电源，当发动机运转到一定转速后，发电机转速达到规定的发电转速，开始向有关用电设备供电，同时对蓄电池进行充电。两者互补可以有效地使用电设备在不同的情况下都能正常地工作，同时也延长了蓄电池的供电时间。

（3）单线制

所谓单线制，就是利用汽车发动机和底盘、车身等金属机件作为各种用电设备的共用连线（俗称搭铁），而用电设备到电源只需要另设一根导线。任何一个电路中的电流都是从电源的正极出发，经导线流入用电设备后，通过金属车架流回电源负极而形成回路。

采用单线制不仅可以节省材料（铜导线），使电路简化，而且便于安装和检修，降低故障率。但在一些不能形成可靠的电气回路或需要精确电子信号的回路中，采用双线。

（4）用电设备并联，有断路保护

所谓用电设备并联，就是指汽车上的各种用电设备都采用并联方式与电源连接，每个用电设备都由各自串联在其支路中的专用开关控制，互不产生干扰。

为了防止电路或元器件因过载、搭铁或短路而烧坏电线束和用电设备，各种类型的汽车上均安装有断路保护装置。例如，起动机和电扬声器在工作时的电流很大，若直接用开关控制它们的工作状态，往往会使控制开关早期损坏。因此，控制大电流用电设备的开关常采用加中间继电器的方法，即采用控制继电器线圈的小电流，由继电器闭合后的触点为用电设备提供大电流。这些断路保护装置有的串接在元器件（或零部件）回路中，也有的串接在支路中。这些断路保护装置主要有易熔线、熔断器或电路过载保护器（继电器）等。

（5）负极搭铁

所谓搭铁，就是采用单线制时，将蓄电池的一个电极用导线连接到发动机或底盘等金属车体上。若蓄电池的负极连接到金属车体上，称为负极搭铁；反之，若蓄电池的正极连接到金属车体上，称为正极搭铁。我国标准中规定汽车电器必须采用负极搭铁。目前世界各国生产的汽车也大多采用负极搭铁方式。

2. 汽车电路图的类型

汽车电子电路图形式多样，尽管不同车型的电路图风格各异，但根据汽车电路图的不同用途和特点，可分为原理框图、电路原理图和线束图三种。

（1）原理框图

原理框图是用来表示汽车电气系统、分系统、装置或各部件中各项目的基本组成及其相互关系和连接的一种简图。它可概略地描述汽车电气系统的基本组成和相互关系，简单地将电路按功能分成几部分，再将每部分用一个方框框起来。原理框图主要用于了解系统、分系统的概貌及基本工作原理，可以为进一步编制详细的技术文件提供依据。

原理框图通常采用方框符号或者带注释的框绘制，其中带注释的框应用较为常见，其框内的注释可以是文字，可以是符号，也可以同时采用文字和符号；框可以是实线框，也可以是点画线框；框与框之间的关系用线条沟通，线条中的箭头表示信号的走向。

原理框图可分为多种，按照其表述的内容可分为整车电子电路原理框图、系统电子电路原理框图和元器件工作原理框图。

①整车电子电路原理框图主要用于表述汽车电子电控系统的组成、相互连接关系和安装位置等信息。

②系统电子电路原理框图用来表述某个专门系统的主要组成和系统内部相互作用的工作原理。

③元器件工作原理框图主要是对某个元器件工作过程的表述。

原理框图形象直观，在分析电子电路之前如果先阅读原理框图可有助于对电路工作原理的理解。

在识读原理框图时，应认真查看图中的箭头方向，箭头方向表示信号的传输方向。如果没有箭头方向，则可根据框图的图形符号来判断。在识读由集成电路组成的电子电路过程中若无引脚功能说明，可以借助集成电路内部原理框图来判断主要引脚功能，比如判断输出和输入引脚的功能。原理框图引脚内的箭头如果是双向的，表示信号既能输入又能输出。

如图7-1所示是点火系统原理框图。

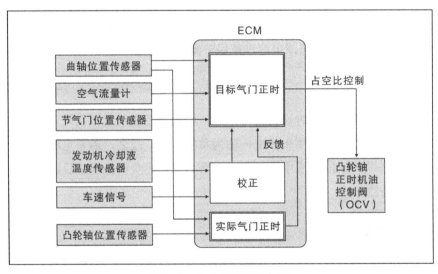

图7-1　点火系统原理框图

（2）线路图

电路原理图是指用于表示汽车电气系统的电路工作原理的电路图，有全车电子电路原理图和系统电路原理图之分。

如图7-2所示为点火系统原理图。

它是详细说明汽车电子电路元器件间、执行电路间、单元电路间、元器件和单元电路之间的连接关系及电路工作原理的简图，是设备调试、维修的依据。电路原理图将相关电器、电子元器件及电路的布置等都简化成最简单的符号，各个元器件旁注明了元器件的代号（或参数值）。借助原理图分析电路中电流的来龙去脉，即可了解电路图对应设备的工作原理。

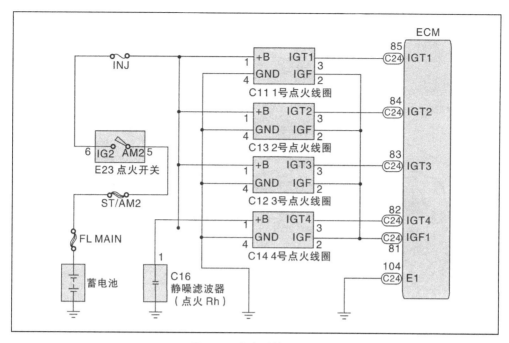

图7-2　点火系统原理图

（3）线束图

汽车电子电路的安装图也称线束图，如图7-3所示。原理图只能说明电路的工作原理，却看不出各元器件的实际形状以及它在实际中是怎样连接的、位置在什么地方，安装图则是为说明这些问题而设计的。

目前，电路中的电子元器件一般均安装在印制电路板上，所以安装图就是在电路板图上用实物图或符号画出每个元器件的位置及焊在哪些焊接孔上。对于一些较简单的电路，一般还可以画出对应的实物图。有的安装图还包括元器件正面放置的实体图和反面的连接图（即印制电路板图）。印制电路板图有导线电路分布和机械加工尺寸等内容。该图通常用元器件符号代替实物来表示元器件间的相互连接关系。

3. 汽车电路的九大系统

电路图往往是错综复杂的，初学者要想看出电路的规律，首先要熟悉汽车电路图的组成。一般来说，汽车电路图因车型和年款的不同而有所差异，每个厂家的电路图标准也是不同的，但他们都把全车的电路分成不同的系统，这些可以在电路维修手册里看到。汽车电路常见的分法如图7-4所示。

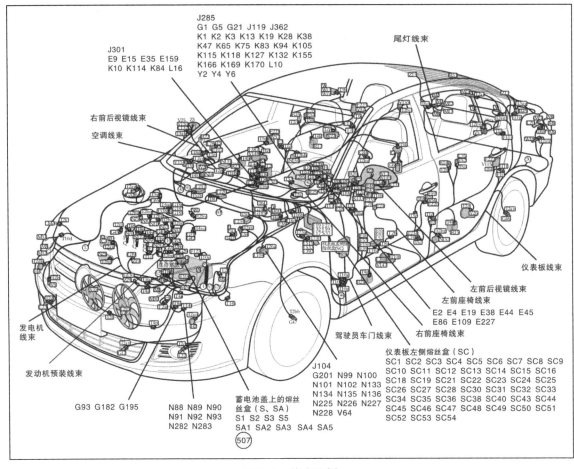

图7-3 线束图例

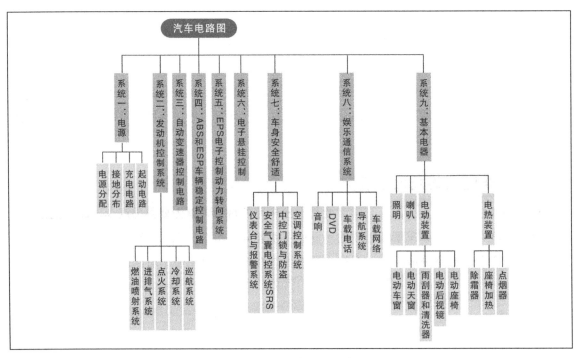

图7-4 汽车电路的组成

4. 汽车电路图的识图方法

（1）认真通读图注

图注说明了该部分电路上所有电气设备的名称及其数码代号，通过读图注可以初步了解该汽车都装配了哪些电气设备。然后通过电气设备的数码代号在电路图中找出该电气设备，在进一步找出连线、控制关系。

（2）牢记电气图形符号

汽车电路图是利用电气图形符号来表示其构成和工作原理的。因此，必须牢记电路图形符号的含义，才能看懂电路原理图。

（3）熟记电路标记符号

为了便于绘制和识读汽车电器电路图，有些电器装置或其接线柱上都赋予了不同的标志代号。

（4）牢记汽车电路特点

汽车的主要特点有：单线制、负极搭铁、用电器并联等。

（5）牢记回路原则

任意一个完整的电路都由电源、熔断器、开关、控制装置、用电设备、导线等组成。电流流向必须从电源正极出发，经过熔断器、开关、控制装置、导线等到达用电设备，再经过导线（或搭铁）回到电源负极，才能构成回路。因此电路读图时，有三种思路（实际应用时，可视具体电路选择不同思路）。

①思路一

沿着电路电流的流向，由电源正极出发，顺藤摸瓜查到用电设备、开关、控制装置等，回到电源负极。

②思路二

逆着电路电流的方向，由电源负极（搭铁）开始，经过用电设备、开关、控制装置等回到电源正极。

③思路三

从用电设备开始，依次查找其控制开关、连线、控制单元，到达电源正极和搭铁（或电源负极）。

注意：随着电子控制技术在汽车上的广泛应用，大多数电气设备电路同时具有主回路和控制回路，读图时要兼顾两个回路。

（6）浏览全图，分割各个单元系统

要读懂汽车电路图，首先必须掌握组成电路的各个电器元件的基本功能和电器特性。在大概掌握全图的基本原理的基础上，再把一个个单元系统电路分割开来，这样就容易抓住每一部分的主要功能及特性。

在框划各个系统时，一定要遵守回路原则，注意既不能漏掉各个系统中的组件，也不能多框划其他系统的组件，一般规律是：各电器系统只有电源和总开关是公共的，其他任何一个系统都应是一个完整的独立的电器回路，即包括电源、开关（保险）、电器（或电子线路）、导线等。从电源的正极经导线、开关、熔丝至电器后搭铁，最后回到电源负极。

（7）熟记各局部电路之间的内在联系和相互关系

从整车电路来讲，各局部电路除电源电路公用外，其他单元电路都是相对独立的，但它们之间也存在着内在联系（如信号共享）。因此，识图时，不但要熟悉各局部电路的组成、特点、工作过程和电流流经的路径，还要了解各局部电路之间的联系和相互影响。这是迅速找出故障部位、排除故障的必要条件。

（8）掌握各种开关在电路中的作用

对多层、多挡接线柱的开关，要按层、按挡位、按接线柱逐级分析其各层、各挡的功能。有的用电设备受两个以上单挡开关（或继电器）的控制，有的受两个以上多挡开关的控制，其工作状态比较复杂。当开关接线柱较多时，首先抓住从电源来的一两个接线柱，再逐个分析与其他各接线柱相连的用电设备处于何种挡位，从而找出控制关系。

对于组合开关，实际线路是在一起的，而在电路图中又按其功能画在各自的局部电路中，遇到这种情况必须仔细研究识读。

（9）全面分析开关、继电器的初始状态和工作状态

在电路图中，各种开关、继电器都是按初始状态画出的。即按钮未按下，开关未接通，继电器线圈未通电，其触点未闭合（指常开触点），这种状态称为原始状态。在识图时，不能完全按原始状态分析，否则很难理解电路的工作原理，因为大多数用电设备都是通过开关、按钮、继电器触点的变化而改变回路的，进而实现不同的电路功能。所以，必须进行工作状态的分析。

（10）掌握电器装置在电路图中的位置

大量电器装置是机电合一的，在电路图上表示时，厂家为了使画法既简单（便于画图）又便于识图，多根据实际情况采用集中或分开表示法。

集中表示法是把一个电器装置的各组成部分，在图上集中绘制的一种表示方法。此法仅适用于较简单的电路。

分开表示法，如把继电器的线圈、触点分别画在不同的电路中，用同一文字符号或数字符

号将分开部分联系起来。

（11）先易后难

有些汽车电路图的某些局部电路可能比较复杂，一时难以看懂，可以暂时将其放一放，待其他局部电路都看懂后，结合看懂图中与该电路有联系的有关信息，再来进一步识读这部分电路。

（12）注意收集资料和经验积累

对于看不懂的电路要善于请教有关人员，同时还要善于查找收集相关资料；注意深入研究典型汽车电路，做到触类旁通；特别注意实际工作经验的积累，新技术、新工艺的应用和创新。

此外，汽车电子控制系统越来越多，其读图方法除以上所述要领适用外，以下方法与步骤对汽车电子控制系统的读图很有帮助。

①方法一

要以电控系统的ECU为中心，因为这是整个系统的控制中心，所有电器部件都必然与这里发生关系。

②方法二

对ECU的各个引脚有大致印象，弄清楚分为几个区域，各区引脚排列的规律。

③方法三

找出该系统给ECU供电的电源线有哪些，注意一般ECU都不止一根电源线，弄清楚各电源线的供电状态（如常火线或开关控制）。

④方法四

找出该系统的搭铁线有哪些，注意分清哪些是在ECU内部搭铁，哪些是在车架上搭铁，哪些是在各总成机体上搭铁。

⑤方法五

找出哪些是系统的信号输入传感器，各传感器是否需要电源，并找出相应的电源线，该传感器哪里搭铁。

⑥方法六

找出系统的执行器有哪些，弄清电源供给和搭铁情况，电脑控制执行器的方式（控制搭铁端或电源端）。

5. 汽车电路图识读实例

（1）广州本田雅阁电路识读实例

如图7-5所示为广州本田雅阁充电系统电路图，充电系统装有测量充电系统负载的电负载检测器（ELD）。ELD向控制电压调节器的动力控制模块（PCM）发送信号。电压调节器为集成电路（IC）式、整流器与调节器均安装在发电机内。

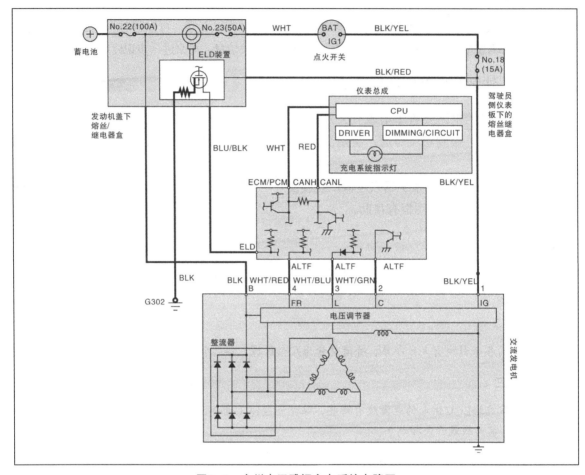

图7-5 广州本田雅阁充电系统电路图

充电电路分析：

发电机"B"接线柱输出直流电。充电电路为：交流发电机B+→熔丝No.22（100A）→蓄电池→发电机搭铁端子。

1号接线柱为电压调节器供电端。蓄电池正极→发动机盖下熔断器/继电器盒中的熔丝No.22（100A）→No.23（50A）→点火开关→熔丝No.18（15A）→发电机1号（IG）接线柱。

2号接线柱为动力控制模块（PCM）控制信号输入端；4号接线柱为交流发电机反馈信号输出端；3号接线柱为指示灯信号控制端，输入PCM，通过CAN总线控制仪表总成内充电系统指示灯的亮与灭。

（2）北京现代悦动扬声器电路识读

下面以北京现代悦动轿车为例讲解扬声器电路图的识读，如图7-6所示。

扬声器的作用是通过声音向其他车辆的司机和行人发出警告，以引起注意，确保车辆行驶的安全。

由于扬声器电路的电流较大，目前越来越多的轿车中都采用扬声器继电器，通过扬声器继电器来控制扬声器的发声。

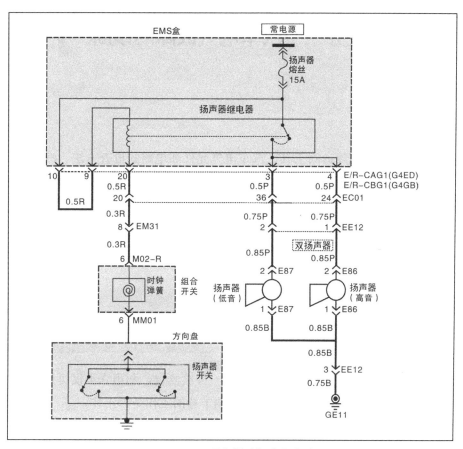

图7-6　现代悦动扬声器电路

①扬声器控制电路

当按下方向盘上的扬声器开关时，蓄电池常电源→15A扬声器熔丝→EMS盒10脚→EMS盒9脚→扬声器继电器线圈→EMS盒20脚→组合开关中的时钟弹簧→扬声器开关→接地。此时扬声器继电器线圈得电，扬声器继电器触点闭合。

②扬声器主电路

蓄电池常电源→15A扬声器熔丝→扬声器继电器触点后分两路：一路经EMS盒3脚→低音扬声器→GE11搭铁；另一路经EMS盒4脚→高音扬声器→GE11搭铁。此时，高音扬声器和低音扬声器同时响起。

任务二 汽车电气故障的诊断

一、任务分析

本任务介绍汽车电气故障诊断工具、汽车电气元件和电路的检查方法、汽车电气故障诊断一般流程、汽车线路故障常用的诊断与检测方法以及汽车线路诊断与检测的注意事项。通过本任务的学习，应掌握汽车电气系统常见故障的诊断方法。

二、相关知识

1. 汽车电气故障诊断工具

（1）汽车专用试电笔

汽车专用试电笔是专为汽车维修电工设计的一种检测仪，利用它不仅可以测试汽车电路，而且可以直接从电笔的灯光指示上判断发电机及调节器的工作是否正常。

汽车专用试电笔分A型和B型两种，A型适用于12V汽车，B型适用于24V汽车，使用时，将电笔负极用鳄鱼夹与搭铁可靠地相接，将电笔头逐次碰触被测点，这时电笔上的两只双色发光二极管V1和可组合指示6种颜色，分别对应6种不同的电压。各种颜色对应的电压值见表7-1。

表7-1 汽车专用试电笔显示颜色与电源电压之间的对应关系

双色发光二极管显示颜色	电源电压	12V电系（V）	24V电系（V）	备注
双色发光二极管V1	红	11	23	发光二极管V2不亮
	橙	12	24	
	橙、绿	12.6	24.6	
双色发光二极管V2	红	13	25	发光二极管V1不亮
	橙	14	26	
	橙、绿	15	27	

（2）测试灯

测试灯主要用于汽车线路故障的检查，根据灯的亮熄及明暗程度可判断线路有无断路、短路和搭铁故障以及被测线路的电压大小。测试灯由12V/2W～20W灯泡、导线和各种型号的探针组成，可用来检查电源电路各线端是否有电。检测时，将12V测试灯鳄鱼夹搭铁，另一端接电器部件电源接头，若灯亮说明电器部件的电源电路无故障；如果灯不亮，应该顺着电流的方向依次找出第二检测点、第三检测点……，直到灯亮为止，由此可知电路故障点在最后两个测试点之间的线路或电器部件上。

（3）万用表

万用表是一种能测量多种电量参数且多量程的便携式仪表。常用万用表有模拟式（指针式）和数字式两种，这里主要介绍数字万用表的用法。

数字式万用表主要由数字电压表、测量电路、量程转换开关等组成。其中测量电路能将待测电量和电参量转换为毫伏级的直流电压，供数字电压基本表显示待测量。当量程转换开关置于不同的位置时，可组成不同的测量电路。图7-7为UT51型数字万用表面板。前面板装有液晶显示屏、量程转换开关、输入插口、hFE插口及电源开关。

UT51型数字万用表的使用操作：

首先请注意检查电池，将Power钮按下，如果电池不足，则显示屏左上方会出现 ⊏⊐ ⎓ ⊏⊐ 符号，还要注意测试笔插孔旁边的符号，这是警告要 图7-7　UT51型数字万用表
留意测试电压和电流不要超出指示数字。此外在使用前要先将量程放置在想测量的挡位上。

①电压测量

●将黑表笔插入COM插孔，红表笔插入VΩ插孔。
●测DCV时，将功能开关置于DCV量程范围（测ACV时则应置于ACV量程范围）并将测试表笔并接到被测负载或信号源上，在显示电压读数时，同时会指示出红表笔的极性，如图7-8所示。

②电流测量

●将黑表笔插入COM插孔，当被测电流在2A以下时红表笔插A插孔，如被测电流为2～10A，则红表笔移至10A插孔。
●将功能开关置于DCA或ACA量程范围，测试笔串入被测电路中。

③电阻测量

●将黑表笔插入COM插孔，红表笔插入VΩ插孔（注意红表笔极性为"+"）。
●将功能开关置于所需Ω量程上，将测试笔跨接在被测电阻上，如图7-9所示。

图7-8　用万用表测电压

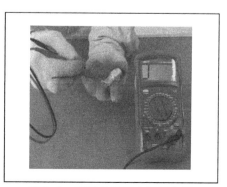

图7-9　万用表测量电阻示意图

注意：

● 当输入开路时，会显示过量程状态"1"。

● 如果被测电阻超过所用量程，则会指示出须换用高挡量程。当被测电阻在1MΩ以上时，需数秒后方能稳定读数，对于高电阻测量这是正常的。

● 检测在线电阻时，须确认被测电路已关电源后，才能进行测量。

● 使用200MΩ量程进行测量时须注意，在此量程，二表笔短接时读数为1.0，这是正常现象，此读数是一个固定的偏移值。如被测电阻为100MΩ时，读数为101.0，正确的阻值是显示值减去1.0即101.0-1.0=100.0。测量高阻值时应尽可能将电阻直接插入"VΩ"和"COM"插孔中，表笔在高阻抗测量时容易感应干扰信号，使读数不稳。

2. 汽车电气元件和电路检查

当电路出现故障时，在检查之前，应首先仔细阅读电路图，将系统电路读懂，搞清楚系统电路的功能，然后再根据电路图从电源开始检查，一直查到搭铁，就可以将故障排除。

（1）熔断器及相关电路的检查方法

目测或用万用表测量其是否导通，如果电阻为无穷大，则烧毁，应找出烧毁原因，并对电路进行测量。测量熔断器电源端是否有电，电器端是否直接搭铁，如图7-10所示。

如果电源端无电压则应继续向电源方向查找，直到查到电源为止。若电器端搭铁（测得的电阻为0），则必须查出线路在何处搭铁，并排除故障，否则换上新熔断器也会烧毁。

（2）继电器及相关电路的检查方法

检查时，用万用表的电阻挡测量继电器的线圈，检查其电阻是否符合要求；如果电阻符合要求，再给继电器线圈加载工作电压，检查触点的工作情况。如果是常开触点，加载工作电压后，触点应闭合，测得电阻为0；如果是常闭触点，加载工作电压后，触点应断开，测得电阻为无穷大，如图7-11所示。

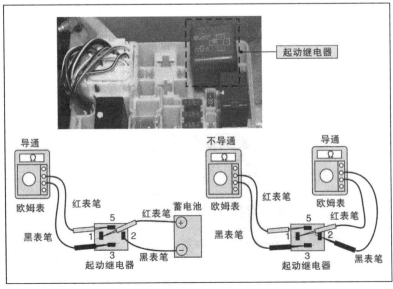

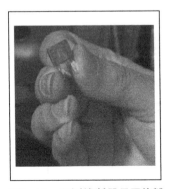

图7-10　目测熔断器是否烧毁

图7-11　继电器的测量

检测相关电路时，继电器线圈的两个插脚，一个在控制开关接通后应有继电器的工作电压，另一插脚应搭铁。触点的插脚应根据电路图确定其应接电源还是搭铁，并按照其工作情况用万用表检测是否符合要求，如图7-12所示。

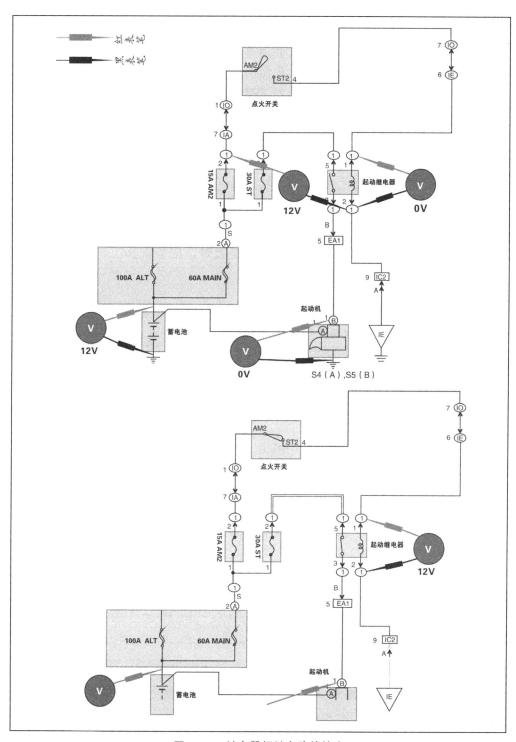

图7-12　继电器相关电路的检查

（3）传感器类元件的检查

目前汽车上的传感器按是否需要工作电源分为有源传感器和无源传感器；按输出信号分为输出电压信号和频率信号。

检查时应根据传感器的不同类型按不同的方法进行。对有源传感器，应检查其工作电压和信号电压或频率是否正常，能测电阻的还要进行电阻的测量，检查其电阻值是否在规定的范围内；对无源传感器应检查信号电压或信号的频率是否正常，同样能测电阻的也要检查电阻是否在规定的范围内。

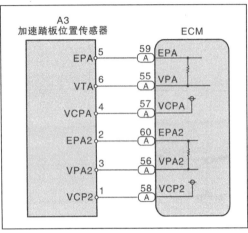

图7-13　加速踏板位置传感器电路

如图7-13所示为加速踏板位置传感器，它有两个传感器电路：VPA（主）和VPA2（副）。其中加速踏板位置传感器1#、4#为供电脚，传感器6#为VPA信号输出脚，传感器3#为VPA2信号输出脚。

在检查时，应检查其工作电压和传感器的电阻值。

①检查ECM（VCPA和VCP2电压）

断开A3 APP传感器连接器，将点火开关转到ON（IG），测量电压（图7-14、表7-2），如电压不正常则可能ECU有故障。

表7-2　标准电压

测试仪连接	规定条件
VCPA（A3-4）-EPA（A3-5）	4.5～5.5V
VCPA（A3-1）-EPA2（A3-2）	

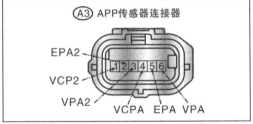

图7-14　测VCPA和VCP2电压

②检查加速踏板位置传感器电阻

断开A3 APP传感器连接器，测量电阻值（表7-3），如电阻值不正常则可能油门踏板位置传感器有故障。

表7-3　标准电阻

测试仪连接	条件	规定值
A3-2（EPA2）-A3-3（VPA2）	始终	36.60～41.61kΩ
A3-5（EPA）-A3-6（VPA）	始终	

（4）电磁阀类元件的检查

用万用表检查其线圈的电阻是否符合要求，在通电后电磁阀的动作是否符合要求，以及是否达到规定的效果。例如电磁真空阀的检查，如图7-15所示。

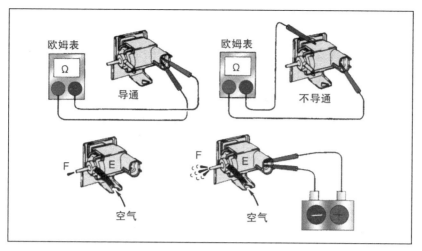

图7-15　电磁真空阀的检查

（5）灯泡的检查方法

用万用表检查灯丝的通断，如图7-16所示，电阻为无穷大则灯丝损坏。

（6）开关的检查方法

根据开关的功能和开关各挡位的导通情况用万用表进行检查。开关与线束连接时采用插接器，插接器上的导线都有编号。检查时，使开关处于不同的挡位，按照开关接通情况测量插接器或插头与相应编号导线之间的导通情况。检查结果不符合开关的功能要求，说明开关已损坏。如图7-17所示为丰田威驰轿车雨刮开关的检查。

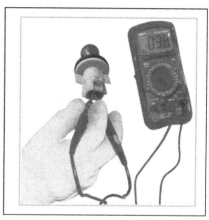

图7-16　灯泡的检查

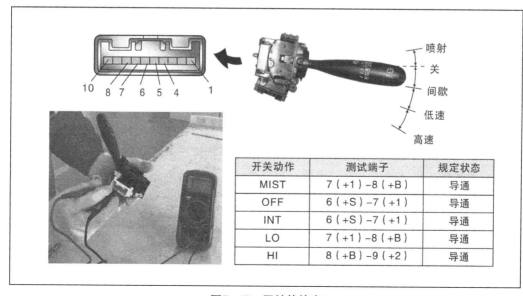

开关动作	测试端子	规定状态
MIST	7（+1）-8（+B）	导通
OFF	6（+S）-7（+1）	导通
INT	6（+S）-7（+1）	导通
LO	7（+1）-8（+B）	导通
HI	8（+B）-9（+2）	导通

图7-17　开关的检查

（7）线路的检查

线路检查一般采用两种方法，一种是利用万用表的电压挡，沿着电路图中的线路分段用万用表检查电压或用试灯测试亮灭的情况；另一种是用万用表的电阻挡测量相应导线的通断程度及搭铁情况。如图7-18所示，图中前大灯的好坏可用万用表电阻挡通过测量电阻值进行判定，前大灯变光开关的好坏，可用万用表电阻挡通过测量开关各挡位的通断程度来判定。前大灯近光灯、远光灯的1脚是否有电，可通过万用表的电压挡进行测量。

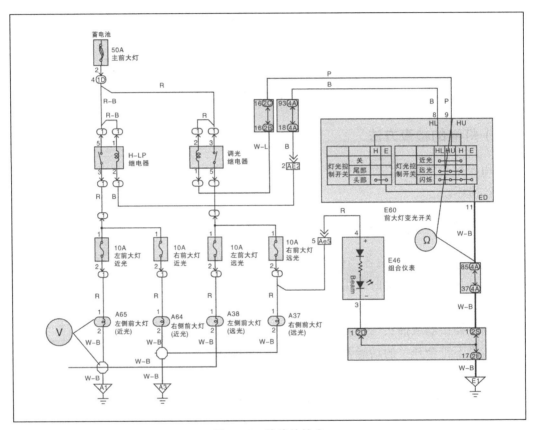

图7-18　线路的检查

3. 汽车电气故障常用诊断与检修的一般流程

一般流程对初学者按部就班，培养良好的故障诊断与检修思路大有裨益。对于具备相当的理论知识和工作经验的维修人员，实际工作中不必过分拘泥于流程步骤，可以视实际情况或凭经验略过一些步骤，直达故障点进行检修，可有效提高工作效率。一般来说，汽车电气故障诊断有六步，如图7-19所示。

另外，现代汽车上微机控制系统越来越多，利用故障诊断仪读取故障码和数据流进行故障诊断非常快捷，能有效地缩小故障范围，甚至能直接完成故障定位。因此对于微机控制系统故障或相关故障，注意故障诊断仪的优先采用。

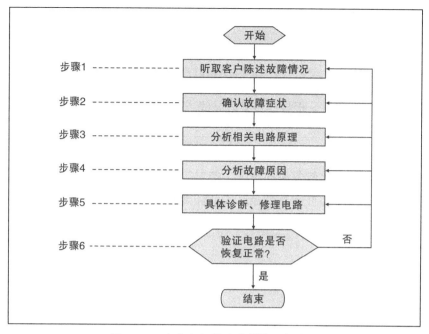

图7-19　汽车电气故障诊断的一般步骤

4. 汽车线路故障诊断与检修的常用方法

（1）直观法

当汽车电系的某个部分发生故障时，会出现冒烟、火花、异响、焦臭、高温等异常现象。通过人体的感觉器官——听、摸、闻、看等对汽车电器进行直观检查，进而判断出故障的所在部位，从而大大提高检修速度。

（2）检查熔断器法

当汽车电系出现故障时，首先应查看熔断器是否完好。如汽车在行驶中，若某个电器突然停止工作，同时该支路上的熔断器熔断，说明该支路有搭铁故障存在。某个系统的熔断器反复烧断，则表明该系统一定有类似搭铁的故障存在，不应只更换熔断器了事。

（3）刮火法

刮火法又称试火法，通常应用于判断线束或导线有无开路。拆下用电设备的某一线头对汽车的金属部分（打铁）碰试，根据火花的有无，判断是否开路。

注意： 刮火不宜用来检查汽车电子电路，以免损坏电子元件。

（4）试灯法

用一个汽车灯泡作为临时试灯，检查线束是否开路或短路，电器或电路有无故障等。此方法特别适合于检查不允许直接短路的带有电子元器件的电器。使用临时试灯法应注意试灯的功率不要太大，在测试电子控制器的控制（输出）端子是否有输出及是否有足够的输出时尤其要慎重，防止使控制器超载损坏。

（5）短路法

短路法又叫短接法，即用一根导线将某段导线或某一电器短接后观察用电器的变化。

（6）替换法

替换法常用于故障原因比较复杂的情况，能对可能产生的原因逐一进行排除。其具体做法是：用一个已知是完好的零部件来替换被认为或怀疑有故障的零部件，这样做可以试探出怀疑是否正确。若替换后故障消除，说明怀疑成立；否则，装回原件，进行新的替换，直至找到真正的故障部位。

（7）模拟法

模拟法就是进行发生条件模拟验证后诊断故障，常用的模拟试验方法有振动法、加热法、水淋法等几种。

①振动法

当导致产生故障的主要原因可能是振动时，就可利用振动法进行检验，如图7-20所示。检验方法主要包括：在水平和垂直方向轻轻摆动连接器、线束、导线接头，用手轻轻拍打传感器、执行器、继电器和开关等控制部件。

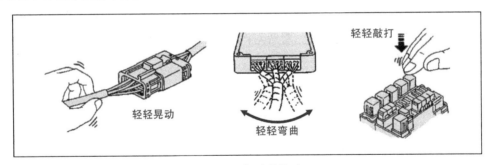

轻轻敲打

轻轻晃动

轻轻弯曲

图7-20　振动模拟法

注意：继电器不能用力拍打，以免产生误动作。

②加热法

当汽车故障在热机或由某些传感器与零部件受热所致时，运用电加热吹风机等加热工具对可能引起故障的零部件或传感器进行适当加热，以检查其是否有此故障，如图7-21所示。

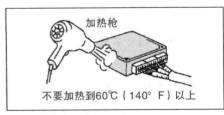

加热枪

不要加热到60℃（140°F）以上

图7-21　加热法

注意：加热温度不得超过60℃，且不能对电控单元ECU进行加热。

③水淋法

当故障在雨天或湿度较大的条件下产生时，可以通过喷淋试验检查诊断故障。检验时，将水喷洒在散热器前面和汽车顶部，间接改变温度和湿度检查其是否发生故障，如图7-22所示。

注意：不能将水直接喷洒在电气与电控系统零部件上，以免造成短路或其他故障。

图7-22 水淋法

5. 汽车线路故障诊断与检修的注意事项

维修汽车电气系统的首要原则是不要随意更换电线或电器，这种操作有可能因短路、过载而引起火灾。同时还应注意以下各项。

①拆卸蓄电池时，总是最先拆下负极（-）电缆；装上蓄电池时，总是最后连接负极（-）电缆。拆下或装上蓄电池电缆时，应确保点火开关或其他开关都已断开，否则会导致半导体元器件的损坏。切勿颠倒蓄电池接线柱极性。

②允许使用欧姆表及万用表的$R \times 100$以下低阻欧姆挡检测小功率晶体三极管，以免电流过载损坏它们。更换三极管时，应首先接入基极，拆卸时，则应最后拆卸基极。对于金属氧化物半导体管（MOS），则应当心静电击穿，焊接时，应从电源上拔下烙铁插头。

③拆卸和安装元件时，应切断电源。如无特殊说明，元件引脚距焊点应在10mm以上，以免烙铁烫坏元件，且宜使用恒温或功率小于75W的电烙铁。

④更换烧坏的熔丝时，应使用相同规格的熔丝。使用比规定容量大的熔丝会导致电气损坏或产生火灾。

⑤靠近振动部件（如发动机）的线束部分应用卡子固定，将松弛部分拉紧，以免由于振动造成线束与其他部件接触。

⑥不要粗暴地对待电器，也不能随意乱扔。无论好坏器件，都应轻拿轻放，以免使其承受过大冲击。

⑦与尖锐边缘磨碰的线束部分应用胶带缠起来，以免损坏。安装固定零件时，应确保线束不要被夹住或被破坏，同时应确保接插头接插牢固。

⑧进行保养时，若温度超过80℃（如进行焊接时），应先拆下对温度敏感的零件（如ECU）。

反侵权盗版声明

电子工业出版社依法对本作品享有专有出版权。任何未经权利人书面许可，复制、销售或通过信息网络传播本作品的行为；歪曲、篡改、剽窃本作品的行为，均违反《中华人民共和国著作权法》，其行为人应承担相应的民事责任和行政责任，构成犯罪的，将被依法追究刑事责任。

为了维护市场秩序，保护权利人的合法权益，我社将依法查处和打击侵权盗版的单位和个人。欢迎社会各界人士积极举报侵权盗版行为，本社将奖励举报有功人员，并保证举报人的信息不被泄露。

举报电话：（010）88254396；（010）88258888

传　　真：（010）88254397

E-mail：　dbqq@phei.com.cn

通信地址：北京市万寿路 173 信箱

　　　　　电子工业出版社总编办公室

邮　　编：100036